汽车美容

QICHE MEIRONG

杨绍刚 梁洪宇 编著

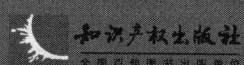
知识产权出版社

图书在版编目（CIP）数据

汽车美容/杨绍刚，梁洪宇编著．—北京：知识产权出版社，2014.5（2018.1重印）
（中职中专教材系列丛书）
ISBN 978-7-5130-2752-6

Ⅰ.①汽… Ⅱ.①杨…②梁… Ⅲ.①汽车—车辆保养—中等专业学校—教材
Ⅳ.①U472

中国版本图书馆CIP数据核字（2014）第107415号

内容提要

本书是一本实用的汽车美容指导手册。本书精选了10个实用的汽车美容项目，主要包括倒车雷达、地胶、底盘装甲、防盗器的安装，汽车清洗、打蜡、抛光、封釉，"犀牛皮"粘贴和贴膜。
本书可做为中职中专汽车相关专业的教材，也可供汽车美容从业者参考。

责任编辑：安耀东　徐家春　　　责任出版：孙婷婷

（中职中专教材系列丛书）

汽车美容
QICHE MEIRONG

杨绍刚　梁洪宇　编著

出版发行：知识产权出版社 有限责任公司			网　　址：http://www.ipph.cn	
电　　话：010—82004826			http://www.laichushu.com	
社　　址：北京市海淀区气象路50号院			邮　　编：100088	
责编电话：010—82000860 转8534			责编邮箱：an569@qq.com	
发行电话：010—82000860 转8101			发行传真：010—82000893	
印　　刷：北京中献拓方科技发展有限公司			经　　销：各大网上书店、新华书店及相关专业书店	
开　　本：787mm×1092mm　1/16			印　　张：6	
版　　次：2014年5月第1版			印　　次：2018年1月第2次印刷	
字　　数：135千字			定　　价：20.00元	

ISBN 978-7-5130-2752-6

出版权专有　侵权必究
如有印装质量问题，本社负责调换。

青县职业技术教育中心
校本教材编委会

主　编：杨绍刚
副主编：梁洪宇　刘宝奎（祥通汽车美容部技术经理）
委　员：赵春静　杨凤杰　王伟通　姜倩　肖晖
　　　　戴鑫磊（沧州市庞大茂丰汽车销售服务有限公司）
　　　　张永宽（青县祥通汽车销售维修服务有限公司）

前　言

为了使职业教育进一步适应经济转型升级、支撑社会建设、服务文化传承的要求，形成职业教育整体发展的局面，为实现中华民族的伟大复兴提供人才支持，教育部、人力资源和社会保障部、财政部实施了国家中等职业教育改革发展示范学校建设计划。青县职业技术教育中心作为第二批建设单位，经过两年的建设，进行了专业结构调整、培养模式优化的改革创新，形成了服务信息化发展、应用信息化办学的特色，探索了精细化管理、个性化发展的提高教育质量的机制。

根据国家级示范校建设要求，充分体现示范校建设取得的成果和成效，我们组织相关人员深入天津静海县旺达兴奶牛养殖场等 20 家企业实地调研，开展了 200 份问卷调查、查找行业标准、了解企业需求后编写了示范校建设教材。本教材是专业教师和企业一线技师智慧的结晶，内容丰富、形式多样，既反映建设过程中最具特色的探索和实践，又反映学校服务县域经济战略、与企业无缝对接的办学实践。

教材的形成过程，是全校教师共同总结创建经验的过程，是学习应用现代职业教育理念升华创建价值的过程，也是为进一步适应中国经济升级、增强服务国家战略能力的再思考的过程，它不仅成为创建国家中职示范校工作总结的重要组成部分，更重要的是成为职教人传承和发展的宝贵财富，我们愿将这一文化积淀和职教同仁分享，共同谱写中国职教的美好明天。

在此，衷心感谢在本书的编写中给予帮助的青县祥通汽车修理厂刘宝奎、张永宽等同志，和沧州市庞大茂丰汽车销售服务有限公司的戴鑫磊同志；感谢保定长城汽车集团公司、沧州市庞大茂丰汽车销售服务有限公司、青县祥通汽车销售维修服务有限公司、青县益华汽车修理厂、车之缘汽车维修店等专家团队对本书提供的宝贵建议和专业参考意见。同时感谢本校教师为本书提供了大量实践依据。正是由于各位职教同仁的共同努力，教材才得以呈现在读者面前。

本书的不当之处，请各位专家、学者、老师们批评指正。

青县职业技术教育中心校本教材编委会
2014 年 6 月

目 录

1 安装倒车雷达 ·· 1
   1.1 倒车雷达的作用及工作原理 ··· 1
   1.2 倒车雷达的安装方法及操作流程 ·· 2

2 安装汽车地胶（地板革）··· 8
   2.1 汽车地胶的作用 ·· 8
   2.2 汽车地胶的分类与价格 ·· 8
   2.3 汽车地胶的鉴别方法 ··· 9
   2.4 如何选择地胶 ··· 9
   2.5 地胶铺装流程 ··· 9

3 车辆清洗 ··· 13
   3.1 洗车的好处 ·· 13
   3.2 多长时间洗一次车合适 ·· 13
   3.3 岗位认识 ··· 13
   3.4 洗车流程 ··· 15
   3.5 洗车、擦车注意事项 ··· 21

4 汽车打蜡 ··· 23
   4.1 打蜡的作用 ·· 23
   4.2 车蜡介绍 ··· 23
   4.3 车蜡的分类 ·· 23
   4.4 主要品种 ··· 24

4.5　如何选择车蜡 ·· 25
　　4.6　汽车打蜡的工具设备 ······································ 26
　　4.7　汽车打蜡的作用 ·· 27
　　4.8　打蜡误区 ·· 29

5　汽车底盘装甲 ·· 30
　　5.1　什么是底盘装甲 ·· 30
　　5.2　安装意义 ·· 30
　　5.3　底盘装甲的品牌 ·· 30
　　5.4　底盘装甲的价格 ·· 31
　　5.5　底盘装甲的功能 ·· 31
　　5.6　使用范围 ·· 31
　　5.7　底盘装甲安装注意事项 ···································· 32
　　5.8　底盘装甲的安装步骤 ······································ 32

6　汽车防盗器 ·· 34
　　6.1　什么是汽车防盗器 ·· 34
　　6.2　汽车防盗器的功用 ·· 34
　　6.3　汽车防盗器的类型 ·· 34
　　6.4　汽车防盗器的组成（以铁将军为例）························ 35
　　6.5　汽车防盗器安装注意事项 ·································· 35
　　6.6　汽车防盗器的安装步骤 ···································· 38
　　6.7　汽车防盗器的常见故障解答 ································ 44
　　6.8　单向防盗器安装常见问题及解决方法 ························ 48
　　6.9　双向防盗器安装常见问题及解决方法 ························ 49
　　6.10　原车中央门锁触发识别方法 ······························· 50

7　汽车封釉 ·· 53
　　7.1　封釉简介 ·· 53
　　7.2　封釉需要先抛光 ·· 53
　　7.3　抛光与还原的不同 ·· 54
　　7.4　判断汽车需要抛光还是还原 ································ 54

7.5 区分深浅划痕 …… 54
7.6 封釉操作工艺 …… 55
7.7 封釉操作标准 …… 57
7.8 工艺效果 …… 60
7.9 注意事项 …… 60

8 汽车抛光 …… 61

8.1 抛光的相关知识 …… 61
8.2 抛光剂、研磨剂辨识 …… 62
8.3 抛光机的基础使用方法 …… 62
8.4 抛光操作流程 …… 63
8.5 变速抛光机（研磨机）的使用 …… 65
8.6 深度氧化层的处理方法 …… 65
8.7 轻度氧化层的处理方法 …… 65
8.8 划痕的研磨抛光 …… 66
8.9 漆面常见缺陷的处理方法 …… 67

9 粘贴风窗玻璃防爆膜 …… 68

9.1 防爆膜的作用 …… 68
9.2 对防爆膜的认知 …… 68
9.3 风窗玻璃贴膜流程 …… 71

10 粘贴"犀牛皮" …… 84

10.1 "犀牛皮"及其作用 …… 84
10.2 粘贴"犀牛皮" …… 84

1　安装倒车雷达

(1) 简要了解倒车雷达的工作原理、作用及分类；
(2) 掌握倒车雷达的安装方法及操作流程；
(3) 学习倒车雷达故障的简单判断方法。

1.1　倒车雷达的作用及工作原理

1) 作用。

(1) 能解除驾驶者泊车和起动车辆时前后左右存在的探视视野死角所引起的困扰，避免不必要的刮蹭，提高驾驶的安全性。

(2) 可检查车后面的一些低矮的物体/人，如石柱、小孩等。

(3) 雨天的时候倒车影像可以利用红外线渗透的原理，清楚地看见车后方的情况，更安全地倒车驾驶。

2) 分类。

倒车雷达的提示方式可分为液晶显示、语言提示和声音提示三种；接收方式有无线传输和有线传输等。

(1) 可视倒车雷达。通过驾驶室内的显示器观察车辆后方的情况，且可以检测库壁的宽度。

(2) 不可视倒车雷达。通过雷达来接收、发送信号，通过显示器显示与障碍物的距离，并且语音播报或鸣笛提示。

(3) 一体机。可视与不可视相结合为一体的机器。

3) 工作原理。

倒车雷达主要是在倒车时，利用超声波原理，由装置于车尾保险杠上的探头发送超声波撞击障碍物后反射此声波回到探头，从而计算出车体与障碍物之间的实际距离，再提示给驾驶者，使停车和倒车更容易、更安全。

其测距原理如图1.1所示。

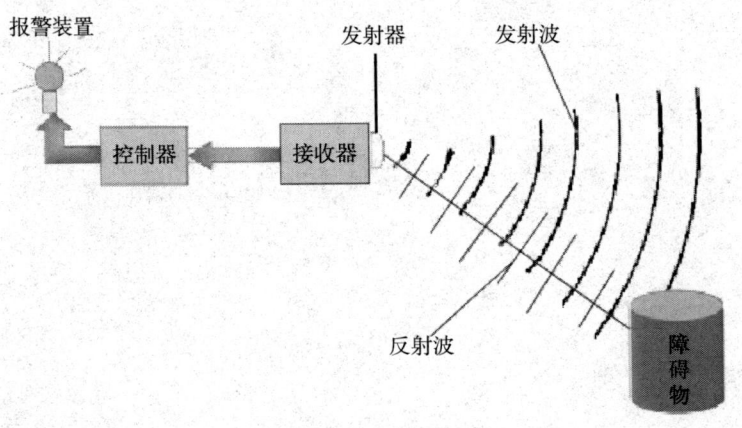

图 1.1

4）倒车雷达传感器监测范围。

不同厂家生产的传感器的侦测范围不同，一般探头检测角度最大为水平 120°、垂直 70°范围，监测距离为 0.3～2.6m 之间。

5）探测盲区。

虽然倒车雷达给我们带来很多方便，但不能过分依赖，因为雷达也有盲区，在图 1.2 这几种情况下，雷达是不会做出反应的，需特别注意。

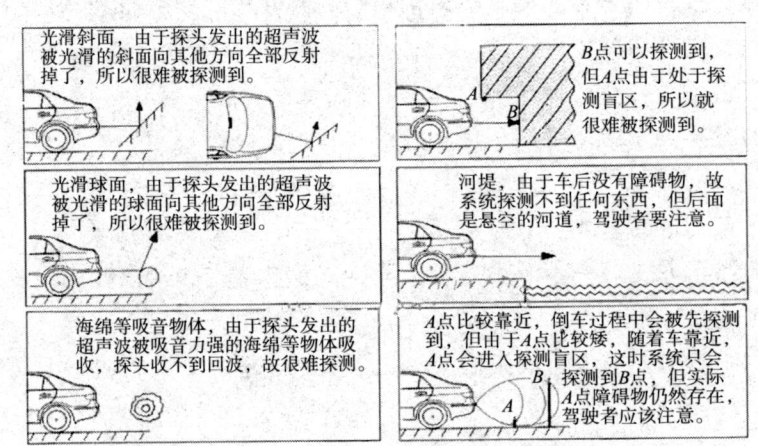

图 1.2

1.2 倒车雷达的安装方法及操作流程

安装工作流程如图 1.3 所示。

1）接待验车。

当车到店之后，接待人员对全车进行检查，看车有无损伤，对车内财物做好登记。

2）选择倒车雷达。

为客户介绍各款倒车雷达的不同，引导客户选择适合自己的倒车雷达。介绍要点如下：

(1) 倒车雷达的品牌；

(2) 探头的个数；

(3) 提示的种类（鸣笛、语音、可视）。

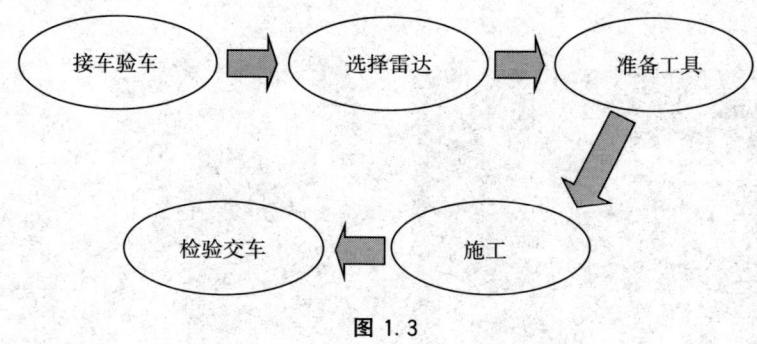

图 1.3

3）准备产品及工具。

以铁将军为例，需要以下产品或工具：测电笔，手电钻，绝缘胶布，纸胶带，记号笔，砂纸等。

注意：一般情况下倒车雷达包装盒内配有专用的开孔钻头，如没有，要根据传感器的外径尺寸准备合适的开孔钻头。

4）施工过程（以铁将军为例）。

(1) 定高度。用尺子根据说明书的要求测量。用一条纸胶带贴在后保险杠合适的高度位置上，并确定该高度内无钢板、无线束。

(2) 定宽度。根据说明书尺寸要求找准定位点并做标记。先确定好中间位置，根据安装探头数量，将保险杠等分，并做好标记（见图 1.4）。

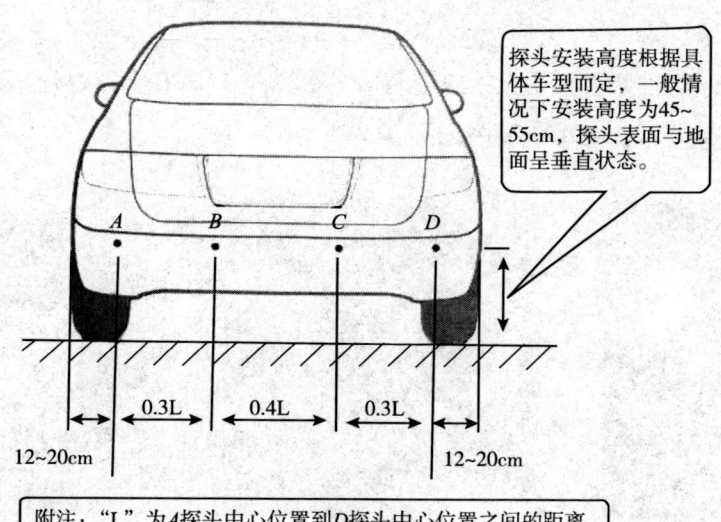

图 1.4

（3）打孔。

在做好记号的地方打孔。打孔要准确无误，打孔时不要伤及周边部位。手电钻的把握姿势要保证钻与保险杠垂直90°。利用开孔器中间钻头定位后再开孔，开孔时手可以握住电钻轻轻地做小幅度的画圆动作，以保证钻头不卡、不塞（见图1.5）。

图1.5

（4）拆卸饰板。

将后备箱的饰板拆下，将门边条拆下（见图1.6）。

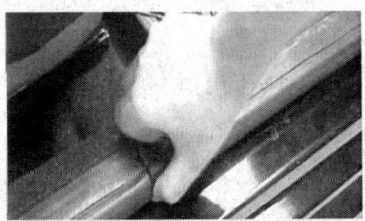
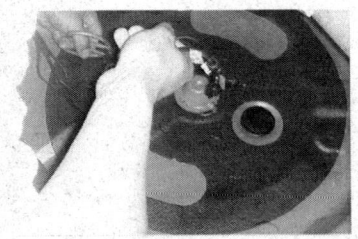

图1.6

（5）布线标准。

将报警器显示屏安装在仪表台上眼睛易看见的部位，且不能影响行车视线；将线走至后备箱，走线要隐蔽安全，不要影响美观（见图1.7）。

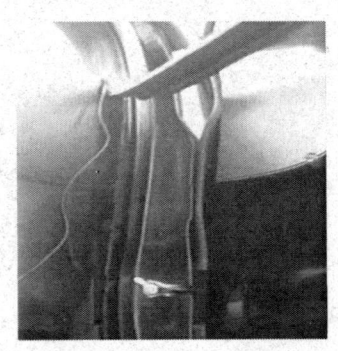

图1.7

(6)接线。

①接线标准:将钥匙打至"ON"挡,将排挡杆放到倒车挡,找出倒车灯正线与负极搭铁线,并将其与主机上的相关线连接,将各探头的线与主机相应孔连接,将显示屏的线与主机的相关线连接(见图1.8)。

图1.8

②安装探头时,注意探头的方向,上有标"up"的标记和箭头(见图1.9)。

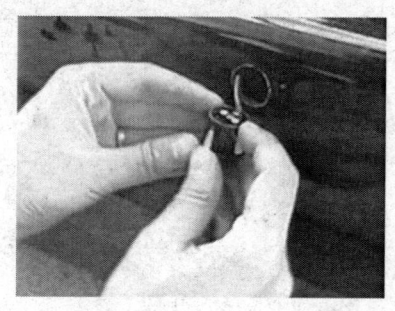 

图1.9

(7)检测。

检测标准:将车钥匙打到"ON"挡,排挡杆打到倒车挡,检测倒车雷达的效果。

①预警距离测试:将一个障碍物摆在探头的正后方,由远到近缓慢倒车,分别在远、近两端测量到车尾的实际距离,并和车内倒车雷达显示的障碍物距离相比较。

②障碍物方位显示测试:用1~3个障碍物分别摆放到车尾的左、中、右侧,测试倒车雷达探测显示障碍物方位是否精确。

③探测死角测试:使障碍物中心顶偏离探头中心,测试倒车雷达是否还能发现障碍物。

(8)还原。还原标准:把拆卸的门板、饰板、保险杆灯按顺序复原,复原过程中不要损伤车上任何部件,不要遗漏任何物体,将车内物件及电器元件正确归位。

5)检验交车。

检验倒车时雷达的反应,可正常使用后,交付客户验收车辆。

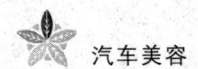

常见现象/提示说明：

问：购车时经销商配送了一个倒车雷达，过了一段时间之后，一挂倒挡，报警器即发出尖叫声。调试后一段时间表现正常，但过一段时间又开始不正常地作响。这是什么原因？

答：首先可能是探头安装有误，或有脱落现象，或探头已损坏。有些可能是产品本身质量有问题，超声波探测距离不准确和反应器运作不正常。另外，还要查看探头的安装是否松动，如松脱变成方向向下，探测的是地面，一挂倒挡自然会发出叫声，粘贴式的探头容易出现这种情况。此外，这种情况在夏天多有发生，通常是在阳光下曝晒半个小时后，汽车表面温度可达70℃以上，车主一挂倒车挡，倒车雷达开始乱叫，或者遇有障碍物没有任何反应。这是由于倒车雷达有个环境适应性的问题，高温和低温下探头的灵敏度和处理器的正常反应都受到影响。普通产品适应-5℃～60℃的环境，有一些品牌的产品对环境的适应性会宽些，例如：博派金刚、蓝霹雳的倒车雷达产品，可以适应-40℃～80℃。

问：装上倒车雷达后，发现在很多情况下，倒车雷达不起作用，这是为什么？

答：倒车雷达已经成了一些新车的标配了，新手开车更是离不开它。但它本身还是个在不断研发的产品，技术不断地走向成熟，普通的超声波倒车雷达都有盲区。首先，位置太低或太小的物体探测不到，早先的倒车雷达对玻璃或者一些光滑的表面，也可能测不到。还可能测不到过小而滑的圆柱和一些吸音物体。现在市场上的新一代产品有些可克服这些不足。如安装视频显示的倒车雷达有的可以探测到地面的凹坑和铁钉，但价格也较高。如果探头蒙了灰尘也可能失灵，所以日常要注意保持探头外表清洁，让倒车雷达保持较好的工作状态。出现上面的问题时也应检查蓄电池电压是否正常。

问：市场上哪些倒车雷达最实用？

答：挑选产品时应该把握三点：款式、质量、功能。探头的安装会影响整车的风格，首先要选择指定车型的探头，探头有大小、平薄、凹凸之分，可根据车的风格和车身颜色挑选，做到统一、协调。其次，要看产品的灵敏度如何，是否存在盲区，是否能正常工作。普通的倒车雷达探测距离为0.35～1.5m。如敏感度不够，探测距离可能仅为0.3～0.9m，会给车主判断及采取措施带来一定的困难。如果探测盲区过大，将使倒车雷达失去应有的作用。另外，倒车雷达有数字显示、视频显示、语音提示，甚至还兼具多功能，除了车主自身的喜好，还应考虑系统的可靠性、精度以及人机界面方面。

问：车子到底该装几个探头？

答：由于每个探头的测试范围的夹角是固定的90°，自然会产生盲角，为了安全起见，当然是多装一些探头可以了解更多的信息。比如侧面安装探头，当车辆转弯时，车辆与两旁障碍物之间的距离也会显示。实际上在今天，倒车雷达已不仅可提供倒车安全信息，还可以提供行车时两边距离的安全信息。从经济实用的角度来说，一般以在车尾安装 4 个探头为宜，有条件的还可以在车头装 2 个探头。

问：一位车主自从上次自驾游回来之后，倒车雷达就开始失灵，这是为什么呢？
答：车主可以检查一下探头的表面是否清洁。也许车主在上次自驾游中，车体表面沾了不少尘土，倒车雷达失灵是探头被污垢蒙住引起的。安装倒车雷达的车主，日常用车要注意保持探头外表清洁，常洗车，让倒车雷达保持较好的工作状态。

问：什么情况下，最能体现倒车雷达的价值？
答：（1）倒车存在盲区时。
（2）倒车时突然出现运动物体，如运动中的小孩、自行车、汽车。
（3）雨天、雾天、雪天、玻璃结冰等情况。
（4）停车泊位狭窄、倒车空间小。
（5）夜间倒车。

问：老司机是否不需要倒车雷达？
答：倒车雷达的作用对老司机同样重要，从以下几个方面来讲：
（1）雷达的最小测量距离是 35cm，当障碍物在这么近的距离时，老司机倒车也有困难，而雷达提供的是测量到的距离。
（2）老司机倒车往往凭经验和感觉，而倒车雷达给司机带来精确的方位和数字显示，让倒车的过程不再模糊。如车后备箱高导致倒车盲区大，遇到夜间、雨天、雾天、后玻璃结冰时观察效果差，凭感觉倒车就相当困难了。
（3）遇到突然移动的物体，如移动的车辆、跑步而过的行人等，即便是老司机也无暇顾及，如此快速变化的物体不能被及时发现的话，会造成意外事故。
（4）事实证明，好多老司机一旦用惯倒车雷达，同样离不开它。

问：倒车雷达的功率及耗电量是多少？
答：挂上倒车挡，倒车雷达才通电工作，也就是说雷达平时大部分时间不工作。其工作功率也很小，液晶显示式的倒车雷达功率仅 2W，数码显示式的倒车雷达功率是 4W，仅相当于一台小型录放机的耗电量。

2 安装汽车地胶（地板革）

（1）掌握地胶的分类及作用；
（2）掌握地胶的安装方法。

汽车地胶是指新车买回来后铺在车底板上的一层用来保护车内卫生清洁的汽车内饰产品。其材质不同，做工不同，一般有PVC、PU、仿超纤、超纤皮等材质。

关于新车是否需要铺地胶的问题一直多有争论，那么到底要不要铺地胶呢？

有人说铺地胶成本低，好打理，可以防止雨天上车时踩脏地毯，还可以减小噪声。有人说铺地胶不环保，会释放有毒气体危害人体；另外，夏天潮气大，开空调后水分凝结在地胶下，阻止地毯下面的水分挥发，可能会加快底盘生锈。

答案是肯定的。

原因：便于清扫和隔音效果明显。新车铺地胶保护了新车地毯，使其历久如新，等到车旧了再铺，基层的除尘、除湿、除虫都是问题。南方雨季长的地方，新车铺地胶前需要自己先做些工作，如在地毯上撒一些杀虫剂后遍撒除湿粉，这样就可以避免基层的霉烂，北方由于有很长的旱季，基本可以不考虑上述问题。

2.1 汽车地胶的作用

（1）防止脏物和下雨后鞋子带进来的水泥、砂石等污染车内地面卫生。虽然有脚垫子，但在实际使用过程中，因为水会飞溅，难免会把地面绒布地板弄脏，清洗起来麻烦。连续阴雨或者把鱼虾放在后排时袋子漏水等都很可能污染地毯，非常难清洗，长期污染还会生成异味，终日难散。而全车地胶能非常方便地解决这个问题。地胶被污染后，只要用湿抹布清洗就能够快速去除脏物。

（2）底盘噪声阻隔。可以有效降低汽车底盘及轮胎发出的噪声传入驾驶舱。这样能降低和减少驾驶疲劳，舒缓耳鸣。

2.2 汽车地胶的分类与价格

（1）一次成型地胶。

其特点是带隔音棉，采用压膜工艺一次性压制而成，跟车型配套，中间无缝，防泄漏性好，但遇凹凸大的车内地面时，铺出的美观性就差一些。这种也是目前市面上最好的地胶了。其质量也分好几个档次，一般以米黄色和灰黑色为主，价格为200～400元。

（2）手工缝制地胶。

其特点是板型控制较好，能有效防止灰尘和脏物渗入地毡，但防水能力差一些。它也是成型的，所以仅次于一次成型地胶。它一般呈软皮状，价格为150～200元。

（3）原始的地胶类型。

每个座位分成4份，由专业的装潢员工用剪刀剪裁，所以会有接缝。不过现在已经很少有人用这些自己手裁的了。

2.3 汽车地胶的鉴别方法

鉴定地胶真假主要有三大方法：闻、摸、看。

闻：地胶有无气味。环保汽车地胶太阳再晒也无气味。假汽车地胶开暖气时或在太阳照晒下有刺鼻怪味。

摸：是否柔软。真地胶有弹性而且不易撕烂。假地胶一撕即断裂，或者使用不到一年即断裂。

看：真正整体原车地胶应该无接缝、无缝线。背面还有一层防潮隔音物质，铺装过程不用胶粘。

2.4 如何选择地胶

如果选择铺设地胶就一定要选择好的品牌，好的地胶呈原车底盘形状，没有接缝，预留座孔、风口、滑道等，棱角到位、不易断裂、不用胶水粘。材料表面选用纯PVC，底面选用优质隔音棉。环保、无毒、无味、隔音、防静电、阻燃、易清洗而且做工精细、安装快捷方便、价格合理。一定要选通过国家轿车检验合格的产品。好的品牌质保期通常在5年以上。千万别因贪图便宜，安装苯超标的劣质地胶，那样的话受害的可就不仅仅是一个人了。

2.5 地胶铺装流程

地胶铺装流程如图2.1所示。

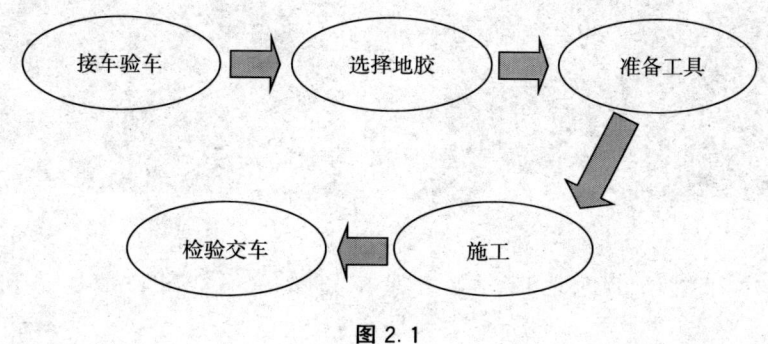

图2.1

1）接车验车。

专职人员以标准姿势从客户手中接过钥匙，并提示"请您不要在车上放置现金和贵重物品"，检查车内车外各部位是否有损坏并进行记录、说明。着重检查车内，因为主要的施工点在车内。

2）引导顾客选择合适地胶。

为客户介绍各种地胶的特点，让客户根据自己的经济实力和爱好选择合适的地胶。

3）准备工具。

需要工具有螺丝刀、美工刀、吸尘器、套筒组件。

4）施工过程。

（1）利用工具将前排座椅的固定螺栓拧下，将正副驾驶的座椅卸掉。将拆下的座椅放于干净的地方（见图2.2）。

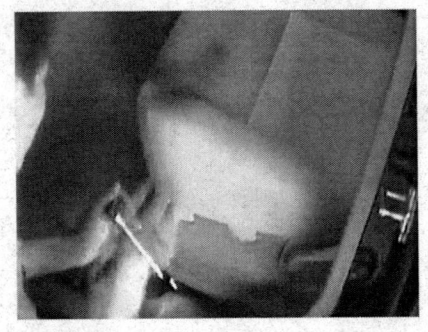

图2.2

（2）拆下后排座椅（见图2.3）。

注意：后排座椅一般是卡扣式的且多为塑料件，找到卡子位置后，用力向后拔起，就可以拆下（注意不要弄坏）。

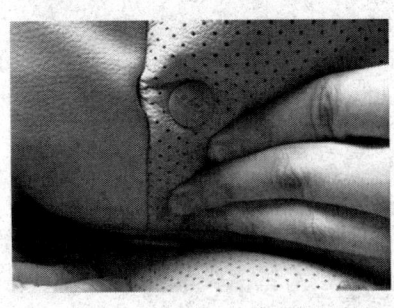
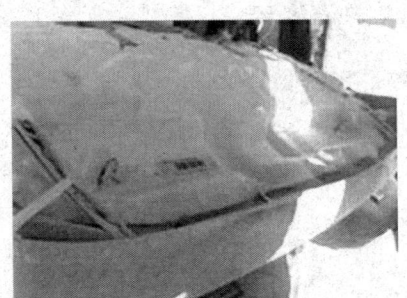

图2.3

（3）用吸尘器清洁车内地毯，使之保持清洁，以免安装地胶后脏物无法取出（见图2.4）。

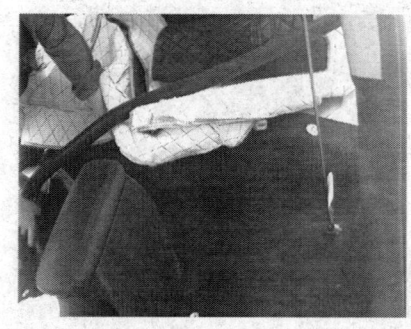

图 2.4

（4）拧松扶手箱、换挡杆箱、安全带等处的螺栓，将螺栓放好。

注意：A柱、B柱、踏板等可能会有卡子，不要把卡子弄坏。

（5）准备地胶。

（6）将地胶展开，铺在车上，裁开汽车中梁（专车专用的地胶中梁已经预先裁好）（见图2.5）。

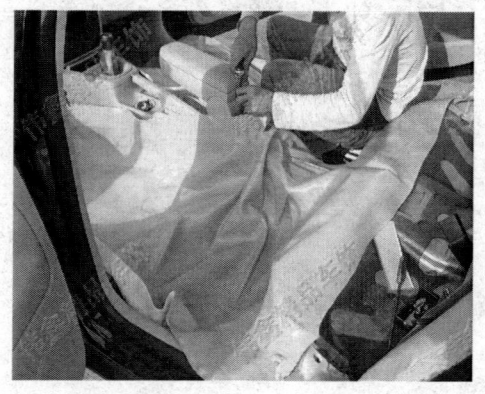
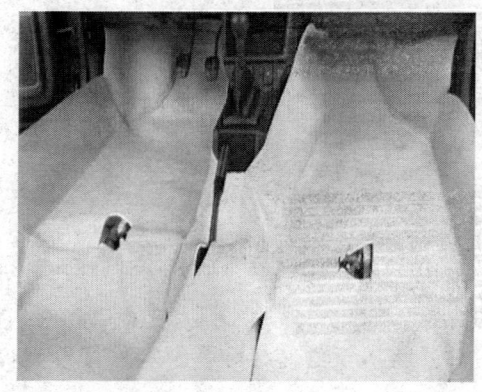

图 2.5

（7）铺设地胶。以中梁为基准，由后向前铺塞入前门迎宾踏板下沿（如不好操作可以将迎宾踏板拆下，原车迎宾踏板多为塑料产品，以卡扣的形式布置，拆卸时注意不要把卡扣弄坏），抹平整后塞入扶手箱及车身A柱下沿内（见图2.6）。然后再向后依次塞入B柱下沿、后门迎宾踏板下沿、C柱下沿。

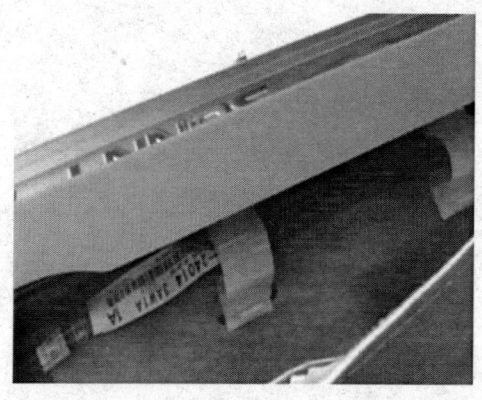
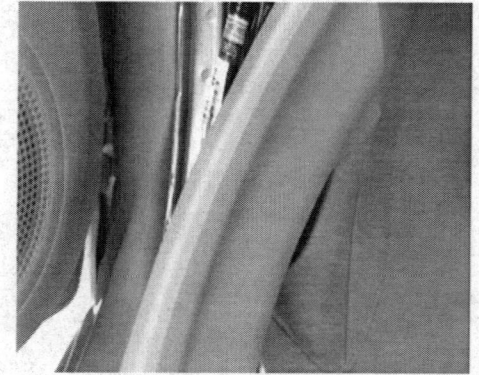

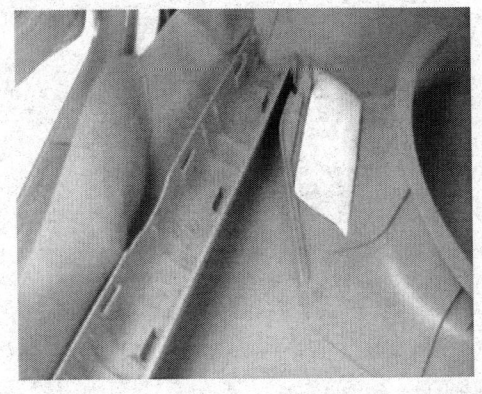

图 2.6

（8）开孔。用美工刀割出各个螺丝、电线、油箱开关、后排座椅插孔等（见图 2.7）。（专车专用地胶有的预留了这些孔，不用再裁割了。）

注意：地胶大小一定要裁切合适，这是检验一个师傅干活好坏比较直观的地方。

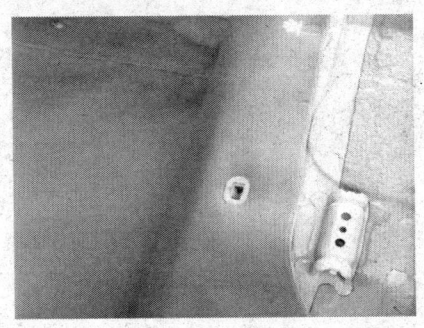
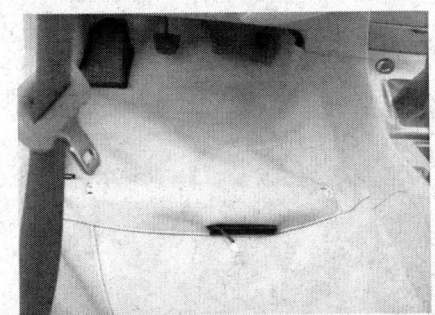

图 2.7

（9）将拆下的座椅和各个零件仔细复原安装。

5）检验交车。

告知客户由于地板革是打包存放，有点折痕属于正常现象，使用 2~3 天折痕便会消失。

3 车辆清洗

教学目标

(1) 认识岗位性质,掌握岗位要求;
(2) 掌握规范的洗车操作流程。

3.1 洗车的好处

现代汽车所使用的烤漆型面漆,可以为车身提供光亮的保护面。但是,漆质再硬、漆膜再厚,经过长时间的风化、酸雨、高温、强光、树汁、鸟粪、虫尸等侵蚀,又未能及时护理,也会给漆面造成诸多不良影响。其中化学污染过的雨水或融化的雪水对漆面的损害最为严重。紫外线透过车身上的酸雨水珠,穿透能力极强,如果不及时进行护理,就会在车漆表层产生极难处理的有害物质,而有害物质的不断沉积、腐蚀、渗透,会使车漆褪色,失去光泽,形成氧化层。

洗车跟人洗澡一样,都是为了清洁亮丽,光彩如新。延长汽车漆面寿命主要在于日常保养,而洗车又是车身漆面日常保养的基本工作。

3.2 多长时间洗一次车合适

一般情况下,一周洗一次车最好。洗车不宜过频,频繁洗车,会加速漆面氧化。但如果遭遇了灰尘、泥泞、大雨、降雪等,车主应尽快对车辆进行清洗。因为,车辆长时间不洗,雨水、空气中的酸性成分以及鸟粪、灰尘等有害物质的侵蚀和附着,会加速漆面的老化和损坏;下雪后喷洒融雪剂,易腐蚀车辆。漆面受损,还会使车体金属部分因失去保护而氧化,导致车辆早损坏。另外,车辆长时间不洗,一些密封胶条得不到及时护理,也会老化失效,使密封性能劣化。

3.3 岗位认识

1) 洗车岗位的重要性。
(1) 洗车是客户进店最基本的需求。
(2) 只有熟练掌握洗车流程,才能满足客户最基本的需求。
(3) 不能满足客户最基本需求的员工是不合格的美容工。
(4) 洗车是美容、养护入门基本的必修课程。
(5) 洗车是最大众化的汽车美容,没有洗车技能作为基础,就不可能学习和掌握其他

美容项目。

（6）洗车岗位是技术的掌握过程，是个人素养的培养过程，要求员工有积极的心态，在此岗位基础上不断学习，不断进步，得到成长。

2）洗车岗位的基本要求。

形象：

（1）头发：经常清洗、修剪，梳理整齐，保持干净，头发不得超过耳际，禁止剃光头、染发，不留奇异发型。

（2）口腔卫生：上班不饮酒，注意生活卫生，保持口中无异味。

（3）面部：整洁，无油腻，不留胡须。

（4）服装：按照规范穿着公司统一工作服装，要求干净、平整、扣齐所有纽扣、衣领无汗迹，衣袖及裤脚不得翻转、挽起。

（5）工牌：上班时间一律配戴工牌，配戴工牌时使工牌左上方与上口袋边平齐。

礼仪：

（1）在客户到来要问候："您好！欢迎光临！"

（2）在客户离开时要问候："谢谢光临，请慢走！"

（3）在您熟悉的客户到来时问候："××先生/小姐，您好！欢迎光临！"

（4）向同事问候："早上好！""中午好！""下午好！""晚上好！"

快速、细致、协作、互助：

（1）快速：工作要利索、迅速。

（2）细致：工作细心、用心。

（3）协作、互助：相互配合、团结共进。

爱护顾客财产：

（1）车身外表：发现车漆有刮伤、撞伤，及时告知客户："××先生/小姐，车身××部位有划痕，您知道吗？"

（2）车室内：发现有手机、钱物、电脑等，及时反映给客户。温馨提示："请您把贵重物品随身携带！"

爱护公司财产：

（1）工具设备：轻拿轻放，定期养护，如空压机、洗车机、水管、吸尘机等。

（2）工耗品：在洗车操作时，按照操作流程，严禁浪费材料。

（3）洗车用水：冲水完毕，即刻关机，地板很脏时先扫后冲。

安全要求：

（1）客户的安全：在开动洗车机时，确认客户及其家人是否已离开车辆，车窗是否关闭，确认无误大声喊："开始冲水！"

（2）专职司机在开动车辆前，确认周边5m内没有人时鸣喇叭，方可移动车辆。同时场内移车不得超过5km/h。

3）洗车岗位的价值。

（1）洗车对公司的影响：提高客流量，提升客户满意度。

（2）对客户：天天开新车，日日好心情！

（3）对个人：帮助养成细致、快速、严谨的工作作风，为将来更大的发展打下基础。

（4）对员工（同事）：为美容、维修等提供了客源，同时也多了一个为同事服务的机会。

4）洗车岗位的认识。

（1）通过洗车观察发现客户的需求。

（2）通过你的专业知识和推销技巧满足客户需求。

（3）为客户创造价值，不单单将车洗干净，更重要的是能做客户的服务顾问，并成为朋友。

5）洗车过程中能发现的商机。

（1）车漆：打蜡，抛光，镀膜等。

（2）室内：室内清洗，更换室内消毒，更换地毯、香水、座椅、座套等。

（3）玻璃：玻璃镀膜，雨刮，玻璃清洁等。

（4）底盘：防锈，更换挡泥板等。

（5）轮胎：更换轮胎、钢铃、刹车片、气嘴、气嘴盖，补胎，动平衡，四轮定位等。

（6）维修养护项目。

6）洗车岗位的职业规划。

（1）洗车工—美容技工—高级美容师。

（2）洗车工—美容技工—美容部主管—店长。

（3）洗车工—服务顾问—销售主管—店长。

7）设备、工具。

主要的设备工具有：空气压缩机，吸尘器，甩干机，高压水枪，洗衣机，大毛巾，门边毛巾，车轮毛巾，鹿皮，室内毛巾，风枪，气管，小水壶，刮水板，轮胎刷等。

3.4 洗车流程

1）洗车流程。

流程为：接车检查—喷洒预洗液—取出脚垫—高压冲洗车身—喷涂泡沫—擦洗泡沫—刷洗轮胎和轮毂—低压冲洗—清洗脚垫并甩干—刮水擦干—上轮胎蜡—全车吸尘—擦洗内饰—擦洗门边窗—整理和擦洗后备箱和油箱盖—擦检引擎—放脚垫—外部风干清洁—整体检查—交车—整理。

2）流程说明（人员配置：甲乙2人）。

（1）接车（甲或乙）。工作人员发现有车驶入时，应立即做好引导手势，将车引进指定位置。摆好让顾客方便下车的"欢迎脚垫"，帮助顾客拉车门并问候，对熟悉的顾客称呼其姓氏，如："早上好/下午好/晚上好/××先生/小姐，欢迎光临"。整个服务应本着主动、热情、耐心、周到的原则进行。

（2）检查（甲）。在顾客下车前，工作人员应提醒顾客拉好手刹以及关好车窗、保管好个人贵重物品。检查车子是否完好：主要是检查风挡玻璃、前后车灯、前后保险杠、前脸中网、后视镜等容易损坏的部位是否完好，仔细检查漆面是否有损坏或撞伤并做好记录，仔细检查电器玻璃升降及仪表和灯光是否正常，认真填写检查结果并让客户签字确认（见图 3.1）。

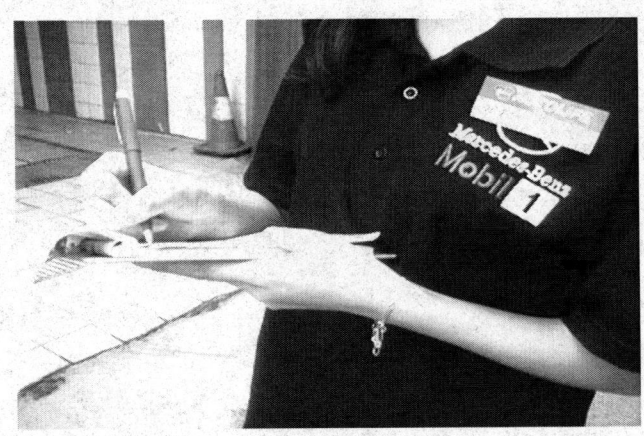

图 3.1

(3) 取出脚垫（乙）。负责拿起车内的脚垫。撤出过程中应用双手把脚垫上的尘土上兜，不能将脚垫上的沙尘遗落在地板上。脚垫上的扣子不能太用力拔，如发现掉了扣子、脚垫有破损，要及时通知车主或接待该车的人员再施工。车内的所有脚垫，除了顾客说不要求冲洗或单洗外表的汽车，一般都要全部拿出来。将脚垫放置在汽车的前方或旁边待冲洗。

(4) 喷洒预洗液（甲）。先喷洒预洗液于汽车裙边、轮胎轮毂、挡泥板等泥污较多的地方，1min 后启动高压清洗机。

(5) 高压冲洗（甲）。打开高压喷枪（水枪枪头距车漆为 15～40cm，枪与车体保持 30°～45°的角度最佳），冲洗时应按照流程以每个边缝为走线，水枪按照冲车的轨道一次压住一次地逐行进行冲洗，不能画圆，也不能上下来回冲洗，以免将泥沙冲到已经冲洗干净的部位。清洗车身按照从上至下、由前至后进行，水压一般不高于 7MPa，且先使用分散雾状水流清洗全车，浸润后再利用集中水流冲洗；高压水枪冲击要注意角度和移动的速度，按顺序从一边到另一边，避免有遗漏的地方；应先洗车顶，依次往下冲洗前后挡风玻璃、两侧车门及玻璃、引擎盖、车体两侧、后备箱两侧及车体、前后灯、保险杠、车毂、底盘，最后将车体表面污垢冲洗干净。用高压水枪喷洗底盘、门槛间缝隙及车轮顶部等不易打扫处的污泥，对于轮胎及车身下半部的车裙带淤泥和沙砾的部分，由于先喷洒预洗液时进行了分解，所以可避免伤害车漆。如脏物黏附车体很紧，需用水枪和手配合慢慢把污垢清理干净，保证车体看上去没有污垢、泥沙，才可进行下一步施工，并冲洗脚垫。

(6) 上泡沫（乙）。打开泡沫机喷枪开关，将泡沫（用中性洗车液）均匀喷洒至车身表面以及脚垫上，关闭洗车机，放好喷枪。

(7) 擦泡沫（甲乙）。甲和乙分别站在车子的两旁使用洗车熊掌将车身表面均匀擦试干净（见图 3.2）。擦拭顺序为：从前到后、从上到下，先车身上半部、后车身下半部车裙处。注意：白色和黑色的车子如果很脏，擦拭泡沫需多重复一遍。

图 3.2

（8）刷洗轮胎和轮毂（甲和乙）。使用轮胎刷和海绵或毛巾，配合轮毂清洗剂和柏油清洗剂，清洗轮毂上的刹车粉、氧化物和柏油沥青（见图 3.3）。挡泥板内侧及凹缘处的死角用密集毛钢圈刷刷洗干净。用水泥去除剂清除车底边角的水泥点。刷洗轮胎时先将轮胎打湿，把清洗剂喷洒在轮胎侧面，使用轮胎专用刷进行刷洗，刷洗轮胎的外边缘需过胎面 2cm 左右，完成后用清水将轮胎冲洗干净（见图 3.4）。

图 3.3

图 3.4

（9）低压冲洗（甲）。启动高压清洗机。打开喷枪并调整降低喷水压力（高压枪与车体保持 30°～45°的角度最佳），采用从上至下、由前至后的顺序将车体表面泡沫及污垢冲洗干净，保证车体没有残余泡沫，以免泡沫液残留在车体上对车漆产生腐蚀。

（10）刷洗脚垫并甩干（乙）。用高压喷枪清洗后，泥沙太多处或因长期累积而形成的泥垢、油污较厚的部位，在冲洗之后要再用毛刷或专用工具进行擦拭，将其擦落，最后用抹布或海绵将这些部位擦干。在清洗时必须按照一定方向进行，尽量避免重复或遗漏，耽误时间。清洗干净后马上将脚垫用甩干机甩干。注意：塑料脚垫不能用甩干机甩干。

（11）刮水擦干（甲乙）。甲乙分别站在车子的两旁，使用专用刮水板或毛巾依次将车体表面积水擦干（见图 3.5）。擦拭顺序为：从前到后、从上到下，先车身上半部、后车身下半部车裙处。注意：擦车同时施行自检，保证车体表面不余留水印、污迹。

图 3.5

（12）上轮胎蜡（甲）。用配置好的轮胎上光剂依次将四个轮子进行上光处理（见图 3.6）。

图 3.6

（13）全车室内吸尘（乙）。使用吸尘器依次将车内、后备箱的泥沙、脏物吸干净（见图 3.7）。从主驾驶位开始做起，先用毛巾将吸尘器的吸口擦干净，吸座椅部位的边缝，再将座椅移到最后，进行地板吸尘，吸完后须把座椅移到最前，方便后面操作，顺序是：主驾驶前座—主驾驶后座—副驾驶前座—副驾驶后座。应重视的部位：中控台的凹槽，烟灰缸，座椅边缝，椅角过沿，离合器，刹车踏板，地毯，边门储物盒，后挡板等处。注意：吸尘时应不断检查吸尘嘴的洁净情况，谨防交叉污染；注意吸尘管带的碰擦。吸尘的时候切勿把顾客车内的发票、文件以及财物吸入。

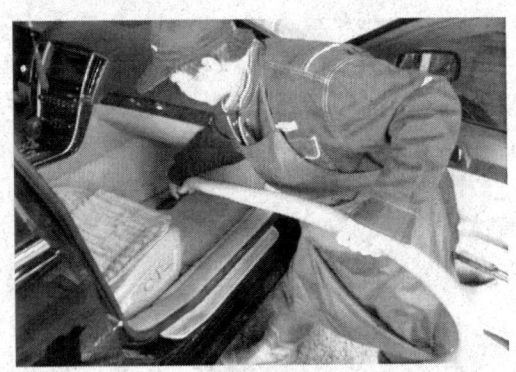

图 3.7

(14) 擦洗整理内饰（甲）。使用专用内饰清洁毛巾，依次将车内前挡风玻璃、仪表台、方向盘、坐椅、后挡风玻璃、地毯等处擦洗一遍，最后整理摆放好车内的物品（见图3.8）。注意：擦洗过程中如果毛巾脏了要及时清洗，擦地毯则用另外的毛巾，切勿混用。

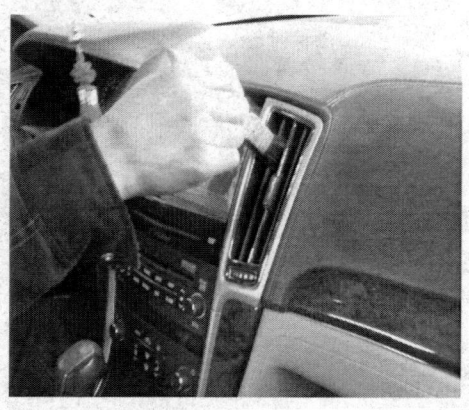

图3.8

(15) 擦洗门边窗（乙）。使用专用门边窗清洁毛巾，依次将四个车门、车窗、车门边擦洗干净（见图3.9）。注意：擦洗的过程中如果毛巾脏了要及时清洗；擦门边的毛巾是单独准备的，切勿与其他毛巾混用。

图3.9

(16) 整理、擦洗后备箱和油箱盖（甲）。使用毛巾依次将油箱盖和后备箱擦洗干净（见图3.10）。注意：擦洗的过程中如果毛巾脏了要及时清洗，最后整理摆放好后备箱内的物品。

(17) 擦检引擎（乙）。将引擎盖打开后先将引擎支杆擦干净，然后按照从上到下、从里到外的顺序进行擦拭（见图3.11）。将发动机表面和排水槽内的灰尘、虫子、树叶等污垢清洗干净。同时检查雨刮水、水箱水、机油、变速箱油、刹车油、方向机油等，如发现不足，要及时上报主管/营业员/车主，征求添加或更换意见。

图 3.10

图 3.11

(18) 外部风干清洁(甲乙)。用柔顺毛巾拖水后，两人同时使用风枪及漆面专用毛巾进行擦拭，吹水时两人要一前一后，一手拿风枪，另一手拿干燥毛巾，毛巾始终放在风枪之后，风枪吹水须顺着一个方向，边吹边擦，要求边缝没有水流出，干净无污垢(见图3.12)。严格要求各边缝不能藏水，包括后视镜、窗边缝、前后盖、车灯边缝及车身接缝等处。最后要检查是否还有顽垢残留，如有，立即清除。在吹风擦干的过程中，避免吹风枪头和吹风枪管接触到车漆任何部位，注意边、楞、角等难擦的部位。两侧的后视镜部位是积水比较多的部位，一定要着重进行吹风擦干。前后车牌照和前中网部位容易遗漏，应多加留意。

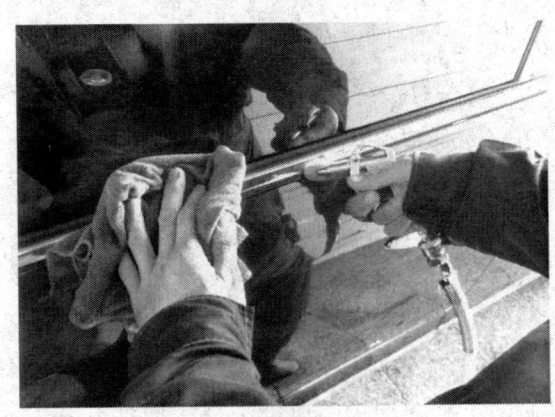
图 3.12

(19) 放脚垫(甲)。将已经清洗好的脚垫依次放入车内(见图3.13)。

(20) 整理检查(甲乙)。两人依次从前到后、从上到下检查车身、车内是否还有清理不到位的现象(如水迹、污迹、泥印、残蜡等)，应及时排除(见图3.14)。检查次序：车身表面、天窗密封条、车顶密封条、玻璃窗密封条、前脸中网、前后保险杠、门边、轮胎、轮毂、前后正反面挡泥板、门边保险杠下方。

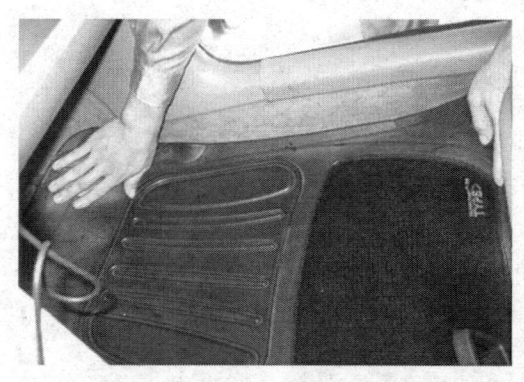

图 3.13

图 3.14

（21）客户检查（甲乙）。报告主管/营业员/车主，车辆已经清洗完毕；引导车辆离开施工区，由客户检查并对本次洗车评分签字确认（见图3.15）。

图 3.15

（22）交车（甲乙）。请车主检查车内物品是否遗失；洗车人员将车辆交给车主并致礼告别。

（23）现场清理（甲乙）。清理现场；现场产品及设备归位。

（24）毛巾清洗（甲乙）。清洗完所有毛巾并进行消毒处理。

（25）现场清洁（甲乙）。将现场所有杂物清理完毕。

3.5 洗车、擦车注意事项

（1）洗车熊掌、毛巾，一车一洗，保证无沙子等异物。

（2）轮胎、轮毂、挡泥板、底边及前后保险杠要清洗干净。

（3）冲车依照从上到下、从前到后的顺序进行。

（4）冲车的同时检查车身是否有伤，或者有冲洗不掉的污迹（如某小块掉漆、水泥点等），及时上报主管/营业员/车主。

（5）冲洗时，高压水枪应与车体保持30°～45°的角度最佳，要注意后视镜、天线等的安全。

（6）冲洗前应告知车主，拉好手刹，关好车窗。

（7）避免用高压枪直接冲洗门缝及密封条。
（8）车内垃圾放入指定的存放处，不随地乱丢。
（9）擦车用具不要随意乱丢，要摆放有序。
（10）在所有的操作过程中要注意自己检查、检测。

4 汽车打蜡

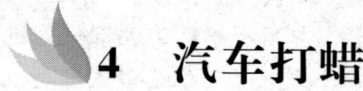

（1）了解汽车打蜡的作用；
（2）能够根据不同车况选择合适的车蜡；
（3）掌握正确的打蜡方法。

4.1 打蜡的作用

首先就是防水、防酸雨。由于车蜡的保护，车身的水滴附着量减低，效果十分明显，能达到50%～90%。其次是防高温和紫外线。天气越来越热，汽车常年在外行驶或存放很容易因光照而导致车漆老化、褪色，而打蜡形成的薄膜可以将部分光线反射，有效避免车漆老化。再次就是车蜡可以防静电，当然同时也防尘。汽车在行驶时与空气摩擦产生静电，而车蜡则可以有效地隔断车身与空气、尘埃的摩擦。少了静电，车自然少了灰尘的吸附，而且车蜡还能起到上光的作用，使汽车显得更新、更有光泽。

4.2 车蜡介绍

一般保护性车蜡是由蜡、硅、油脂等成分混合而成的，属于油性物质，可在漆面形成一层油膜并散发光泽。但由于油膜与漆面的结合力差，保护时间较短，这种蜡常常因下雨或冲洗等因素流失，有时甚至会附着在风挡玻璃上形成油垢。另外，存留在车表面的水滴一般呈半球状，会产生透镜作用，聚焦太阳光以至灼伤漆面。高档美容蜡的附着力比较强，用水多次冲洗也不会流失，不用担心光泽在较短时间失去，一般能保持2～3个月之久。有些车主常常抱怨：高档美容蜡外观效果非常好，但价格有些高。这类车蜡除了具有一般保养蜡的功能外，还含有一种活性非常强的渗透剂，能使车蜡迅速渗透到漆层内，它特殊的分子结构可与漆面之间产生牢固的结合力，上蜡后的漆面看起来浑然一体，效果颇佳。另外，高档美容蜡一般要经过许多道复杂的前处理工序，即使是新车上蜡，也要经过清洗、风干、镜面处理等多道工序，所以技术含量高、效果一流、持久耐用。

4.3 车蜡的分类

最早的车蜡是从石油中提取的，如今的车蜡主要成分是聚乙烯乳液或硅酮类高分子化合物，并含有油脂和添加剂成分。但由于车蜡的添加成分不同，其在物质形态、性能上有所区别，进而被划分为不同的种类。

（1）按物理状态不同分类。车蜡按其物理状态的不同可分为固体蜡和液体蜡两种。在日常作业中，液体蜡应用相对较广泛，如美丽狮勋章蜡、水晶棕榈蜡等。

（2）按生产国别不同分类。车蜡按其不同生产国，可大体分为国产蜡和进口蜡。目前国内汽车美容行业中使用的车蜡，中高档车蜡绝大部分为进口蜡，有进口蜡垄断之势；低档蜡中，国产蜡占有较大的份额。常见进口车蜡多来自美国、英国、日本、荷兰等，如美国龟牌系列车蜡、美国美丽狮系列车蜡、美国的普乐系列车蜡、德国魔焕等。国产车蜡最常用的有彩虹、魔兽、鹰牌等品牌。

（3）按其作用不同分类。车蜡按其作用不同，可分为防水蜡、防高温蜡、防静电蜡及防紫外线蜡等多种。

（4）按其功能不同分类。车蜡按其主要功能，分为上光蜡和抛光研磨蜡两种。

国产上光蜡的主要添加成分为蜂蜡、松节油等，其外观多为白色和乳白色，主要用于喷漆作业中表面上光。国产抛光研磨蜡主要添加成分为地蜡、硅藻土、氧化铝、矿物油及乳化剂等，颜色有浅灰色、灰色、乳黄色及黄褐色等多种，主要用于浅划痕处理及漆膜的磨平作业，以清除浅划痕、橘纹，填平细小针孔等。

4.4 主要品种

（1）新车保护蜡。

新车漆面十分娇嫩，易产生轻微划痕，故本品不含任何的研磨剂等，以确保车漆表面的光滑。新车保护蜡含有大量高分子聚合物，如魔兽新车蜡采用纳米分子技术，拥有超硬蜡壳，超强泄尘、泄水能力，还能防止氧化避免风沙划痕；含抗UV成分，能超长持久保持。

（2）钻石蜡。

该产品是一种高级美容蜡，它具有钻石般的高贵品质，含从巴西棕榈蜡中最高级的一号蜡中提取的精华卡娜巴成分，使用后能形成棕榈蜡特有的坚硬、光滑及雅致的保护膜，具有巴西热带植物特有的香味。使用后漆面产生水晶效果，超高亮度，丝般手感，特殊的驱水泄尘能力，含抗UV成分，不怕阳光暴晒、抗洗涤，能长时间保留。其为蜡中极品，适用于各种颜色的高级轿车。

（3）至尊硬蜡。

其特点是不怕洗涤，超硬保护，坚固耐用，真正抗划痕，超强防水，能完全截断雨水及酸雨的渗透，保护持久，光泽耀眼夺目，可持续数月之久。不怕高温，耐酸碱侵蚀，独特的纳米氟素技术，以顶级虫白蜡与超硬树脂为基础，不怕风沙划痕、擦洗划痕，具超强防水性能，蜡壳形成后，不怕强光暴晒，耐酸碱侵蚀，真正是车漆钢甲的保护层。

（4）水晶蜡。

水晶蜡由多种聚合物合成，不含石蜡成分，持久树脂精的独特配方，能使漆面形成长久性保护膜。增强漆面透彻感，去污、防水、耐酸雨腐蚀、抗静电。能清除车体表面的细孔、焦油、树汁、氧化物、尘垢等，延长抛光寿命，避免车漆产生皱纹、划痕、氧化、脱落及发黄。

(5) 彩色蜡。

其有白、红、黄、绿、蓝、黑、灰多种颜色，针对不同颜色的车漆有增艳效果，并能修饰局部补漆产生的色差或褪色。它具有清洁、上光和保护功能，可使划痕减轻或消失；与原漆本色浑然一体，使旧漆焕然一新。

(6) 手喷蜡。

手喷蜡有柔和的清洁功能，可以在不影响"整体效果"的前提下为您的爱车除污，同时又含树脂型增光剂，使清洗处即时"补色"，与全车的光泽协调一致。手喷蜡不含石油提炼物，不属油脂，因此不会造成"油迹"。

(7) 抗UV蜡。

其为高分子聚合酯配方，具有抗UV成分，防酸雨，抗氧化，耐腐蚀，是恶劣环境下车漆的保护神，超抗洗涤。其独特的高分子聚合酯配方，使车漆更亮、更长久，含有抗UV吸收剂、折射剂和稳定剂。长期使用抗UV蜡，可防止车漆氧化、褪色发乌、龟裂、发白等症状。抗UV蜡含清洁、保护、上光三种功效为一体。

(8) 防水蜡。

其具超强防水能力，超长时间保护车漆，顶级防水树脂和空气反应型配方，可以完全阻断雨水、酸雨侵蚀，并产生很好的光泽效果，超抗洗涤，效力持久。

(9) 光洁蜡。

其由多种高分子聚合物组成，天然植物配方，强力去污，轻松去除发丝划痕，防止漆面发白、发污变色。含独特还原成分，对漆面无伤害，可有效修复因长年使用造成的车漆氧化、老化、褪色及漆面发丝划痕、氧化膜层。含抗UV成分，防止紫外线造成的氧化腐蚀。含天然香料，芬芳异常。它可让被"遗忘"的光泽瞬间展现在您眼前，光泽度堪比出厂新车。

(10) 复彩护漆上光蜡。

该产品集去除微划痕和上光为一体，能快速清除车身表面的轻微划痕、擦纹、花斑，去除旧漆膜的氧化层和哑光色，使老化、褪色、失光的漆面恢复原有的色泽和光洁度，得到研磨与上光双重效果。

(11) 清洁砂蜡。

该产品为快干型，光洁度高，用于清洁汽车表面，能防止汽车漆面褪色、去除污垢，清除轻微划痕、花斑，去除旧漆膜的氧化层和哑光色，使老化、褪色的旧漆面恢复原有的色泽和光洁度，还原如新。

4.5 如何选择车蜡

常见车蜡一般分为如下3种：
(1) 彩涂上光蜡，具有消除表面浅划痕、恢复原有色泽的功能；
(2) 防紫外线车蜡，可以阻隔紫外线，保护原漆光泽；
(3) 氟烃树脂彩涂上光蜡，能在漆面形成一层保护层，防止泥沙飞溅所造成的划痕。
在选择车蜡时，车主要考虑到车的新旧程度、颜色及行驶环境等因素，如以下几个方面：

（1）新车宜选用彩涂上光蜡。它可以保护车体光泽和颜色。另外新车在买回来5个月内最好不要打蜡。新车本身已经有一层保护蜡，过早打蜡反而会把新车表面的原装蜡除掉，造成不必要的浪费。

（2）按季节选择车蜡。夏天阳光照射强，最好选用防紫外线车蜡，挡住太阳强光，以免车漆变色。

（3）行驶环境较差时，则宜用防护作用较强的氟烃树脂蜡。

（4）根据车辆档次情况来选择。高级车辆在选择车蜡时，一定要注意选择与车辆档次适应的高档车蜡，否则可能起到反作用。普通车也可以选择最普通的珍珠色或金属漆系列车蜡。

（5）同时也要考虑到车漆颜色。一般深色车漆选用黑色、红色、绿色系列的车蜡，浅色车漆选用银色、白色、珍珠色系列车蜡。

4.6 汽车打蜡的工具设备

用到的工具设备主要有抛光机、无纺布毛巾、车蜡、抛光海绵。

打蜡有益于汽车的维护和保养，但是许多车主对车蜡还有一些片面的认识。比如，有些车主会给车频繁打蜡，有些则干脆不打；还有一些车主认为，车蜡越贵越好，因此专挑进口车蜡使用。其实这些做法是不恰当的。下面介绍一些打蜡基本知识，以及打蜡时的注意事项。

标准的打蜡程序如下：

（1）汽车清洗。为了保证打蜡的效果，打蜡前必须对车辆进行彻底清洗（见图4.1）。

图4.1

（2）上蜡。上蜡可分手工上蜡和机械上蜡两种。手工上蜡简单易行。无论是手工上蜡还是机械上蜡，都要保证漆面均匀涂抹（见图4.2）。手工上蜡时，首先将适量的车蜡涂在海绵上（专用打蜡海绵），然后按一定顺序往复直线涂抹，每道涂抹应与上道涂抹区域有1/5～1/4的重合度，防止漏涂及保证均匀涂抹。机械上蜡时将车蜡涂在打蜡机海绵上，具体涂抹过程与手工雷同。要注意的是在边、角、棱处的涂抹应避免超出漆面，在这方面手工涂抹更容易把握。

图 4.2

（3）抛光。一般涂抹后 5～10min 即可进行抛光（见图 4.3）。抛光作业通常使用无纺布毛巾往复直线运动，适当用力按压，以清除多余车蜡。

图 4.3

4.7　汽车打蜡的作用

车蜡的种类有很多，功能各异，一般有以下一种或几种功能。

（1）防水作用。

汽车经常暴露在空气中，免不了受风吹雨淋。如水滴存留在车身表面，当强烈阳光照射时，每个小水滴就是一个凸透镜，在它的聚焦作用下，焦点处温度最高可达 800～1000℃。高温可造成漆面暗斑，极大影响漆面的质量及使用寿命。另外，水滴易使金属表面产生锈蚀。

（2）抗高温作用。

其原理是对来自不同方向的入射光产生有效反射，防止入射光使漆面或底色漆老化变色。

（3）防静电作用。

汽车静电的产生主要有两个来源：一是纤维织物，如地毯、座椅、衣物等的摩擦产生的；二是汽车在行驶过程中，空气中的尘埃与车身金属表面相互摩擦产生的。无论是哪种原因产生的静电，都会给乘员带来诸多不便，甚至造成伤害。车蜡防静电作用主要体现在车表静电防止上。其作用原理是隔断尘埃与车表金属摩擦。由于涂覆蜡层的厚度及车蜡本身附着能力不同，防静电作用有一定的差别，一般防静电车蜡在阻断尘埃与漆面摩擦的能

力方面优于普通车蜡。

(4) 防紫外线作用。

其实，车蜡防紫外线作用与它的抗高温作用是并行的，只不过在日光中，由于紫外线的特性决定了紫外光较易于折射进漆面，防紫外线车蜡充分地考虑了紫外线的特性，使其对车表的侵害得以最大限度的降低。

(5) 上光作用。

上光是车蜡的最基本作用，经过打蜡的车辆，都能改善表面的光亮程度，使车身恢复亮丽本色。

(6) 研磨抛光作用。

当漆面出现浅划痕时，可使用研磨抛光车蜡。

注意事项：

(1) 新车买回来要尽早打蜡。网上流传着这样的说法：一般新车购回5个月内不必急于打蜡。不知道类似的说法给新车主造成了多大的困惑。事实上，现在出厂的新车，一般不会有所谓的原装蜡了。

(2) 打蜡前最好用洗车水清洗车身外表的泥土和灰尘。

(3) 上蜡时，应用海绵块涂上适量车蜡，用无纺布毛巾擦亮。

(4) 车身打蜡后，要注意处理在车灯、车牌、车门和行李舱等处的缝隙中残留的一些车蜡。

(5) 在上蜡作业中，要防止烤漆面被刮伤，所以作业者的手表、戒指之类最好全部取下来。

(6) 打蜡作业需要环境清洁，又通风良好。应在阴凉且无风沙处打蜡，避免车表温度高，车蜡附着能力下降，影响打蜡效果；沙尘若附着在车身上，也极易产生划痕。

(7) 打蜡时，手工海绵及打蜡机海绵运行路线应该直线往复，不宜环形涂抹，防止由于涂层不均造成强烈的环状漫射；一次作业要连续完成，不可涂涂停停。

(8) 打蜡时应遵循先上后下的原则，即先涂抹车顶、前后盖板、最后车身侧面等。

(9) 打蜡时，若海绵上出现与车漆相同的颜色，可能是漆面已经破损，应立即停止，进行修补处理。

(10) 涂蜡时尽量采用柔细的海绵或软质不起毛的绒布或棉布进行均匀涂抹。

(11) 抛光作业要待上蜡完成后在规定时间内进行，且抛光运动也是直线往复。未抛光的车辆绝不允许上路行驶，否则再进行抛光时易造成漆面划伤。

(12) 不要往车窗和挡风玻璃上涂蜡，否则玻璃上形成的油膜很难擦干净。

(13) 抛光结束后，要仔细检查，清除厂牌标识内空隙及钥匙孔周围、纤细的边缘、铁板与铁板之间、和橡胶制品的边条缝、车牌、门边等处残存车蜡，防止产生腐蚀。

(14) 打蜡结束后，设备及用品要作适当清洁处理，妥善保存。

(15) 要掌握好打蜡的频率。由于汽车行驶及停放环境不同，打蜡间隔时间不可按部就班，建议有车库停放、多在良好道路上行驶的车辆，每3~4个月打一次蜡；露天停放的车辆，由于风吹雨淋，最好每2~3个月打一次蜡。当然，这并非是硬性规定，一般用手触摸车身感觉不光滑时，就可再次打蜡。

(16) 冬天容易产生静电。静电会引来灰尘，造成划伤，可用高级衣物用的静电防止喷剂喷在擦车专用的棉布上，擦拭后可有效防止静电的产生。

4.8 打蜡误区

打蜡误区一：车蜡并非越贵越好。

各种车蜡性能不同，作用与效果也不一样，在选用时必须慎重，选择不当会使车漆变色。一般情况下，应根据车蜡的作用、特点、车辆的新旧程度、车漆颜色及行驶环境等因素综合考虑。如夏天宜选用防紫外线车蜡；行驶环境较差时应用保护作用突出的蜡；复合型的车蜡，有多重功效。

打蜡误区二：打蜡并非越频繁越好。

汽车美容打蜡是一项保护汽车漆面的很好举措，很多车主因此认为这样爱车就不怕酸雨和大雪的侵蚀，同时也能让车漆光彩夺目。频繁打蜡可能会使车身本身的粉尘在打蜡过程中划伤漆面。

打蜡误区三：打蜡并不需要技巧。

汽车美容打蜡前最好用洗车水清洗车身外表的泥土和灰尘。切记不能盲目使用洗洁精和肥皂水。

5　汽车底盘装甲

(1) 了解底盘装甲的功能和安装注意事项；
(2) 掌握底盘装甲的安装步骤。

5.1　什么是底盘装甲

底盘装甲，又名底盘封塑，是汽车底盘下面喷涂的一层 2～4mm 厚的弹性密封材料。它好比在底盘加了一件厚厚的铠甲。汽车底盘装甲的学名是汽车底盘防撞防锈隔音涂层，是一种高科技的黏附性橡胶沥青涂层。它具有无毒、高遮盖率、高附着性，可喷涂在车辆底盘、轮毂、油箱、汽车下围板、后备箱等暴露部位，快速干燥后形成一层牢固的弹性保护层，可防止飞石和沙砾的撞击，避免潮气、酸雨、盐分对车辆底盘金属的侵蚀，防止底盘生锈和锈蚀，保护车主的行车安全。同时，弹性保护层能够减轻驾驶时道路和轮胎的噪声，提高车主的加速舒适度。

5.2　安装意义

俗话说"烂车先烂底"。终年不见阳光、历经无数坎坷的汽车底盘，腐蚀和损坏的隐患是很大的。现在汽车的底盘都很低，在行驶过程中一些被飞溅起来的沙石不停地撞击底盘；在凹凸不平的路面行驶，汽车底盘还有可能被托底；雨雪天汽车底盘易黏结泥块，受到雨水、雪水的锈蚀；雪后道路上布满具有极强腐蚀性的融雪剂，更是对汽车底盘造成致命的摧残，缩短车辆的使用寿命。

而现在有的汽车制造商一味地降低成本，在新车出厂时，只给汽车底盘喷了一层薄薄的底盘涂料（有些是 PVC 材料）。有的车甚至连这样的涂料也只是简单地喷一下局部，大部分地方把防锈漆和镀锌层暴露在外。像这样简单的防锈漆和镀锌层在理想的环境下可以对汽车底盘起到防锈作用，但是在日常行驶过程中，这样的处理是根本不起作用的，所以买车后给车辆穿一件"底盘装甲"是非常必要的。

5.3　底盘装甲的品牌

底盘装甲的品牌有很多，大多以洋品牌为主，如美国固盾（GODV）、3M、德国 UNIKS、德国汉高、伍尔特、霍尼韦尔、雷朋、固特尔、保赐利、LDH 雷遁，等等。洋品牌雄踞中高端市场，国内品牌大多占据的是低端市场。

5.4 底盘装甲的价格

底盘装甲的价格视品牌和类型而定，网店上每瓶少则 10 元，多则 1000 多元。一般来说价格高的性能会好些（假冒伪劣的除外）。

5.5 底盘装甲的功能

车主为爱车做底盘装甲首先想到的是防腐防锈，其实，它还有其他功能，如防石击、防震、防托底和隔音、隔热等。

（1）防腐蚀。

汽车的锈蚀大部分是从底盘开始的，行驶三五年的汽车边梁会略显锈斑。南方相对北方潮湿天气较多，加上车主每次洗车污水会残留在底部，长久下来就会形成潜在的腐蚀因素，对爱车造成伤害。汽车做了底盘装甲后，即便是酸雨、溶雪剂、洗车碱水都无法侵蚀透这层防护膜，因此能够起到防锈、防腐蚀的作用。

（2）防石击。

车辆在行驶过程溅起的小石子，它的冲击力与车速成正比，10g 的小石子在车速超过 80km/h 时的冲击力会达到自身重量的 3 万倍。底盘被小石子刮花或撞击可能把底盘钢板的护漆冲击掉，钢板没有了防护就很容易生锈。车辆做了底盘装甲后，接近 4mm 厚的软质防护层能够抵御将近 300kN 的冲击，能很好地保护底盘。

（3）隔热保温省油。

夏季，当我们打开车内空调时冷气是向下沉的，而车外的地面热气向上冒，冷热空气很大部分在底盘进行交换；冬季则相反。底盘装甲膜内的蜂窝状组织吸音因子能把大部分冷热隔离，夏天能够将空调的冷气更多地保留在车厢内。冬天，由于隔热做得好，车内即使关闭暖风仍能在较长时间保持在一定的温度，起到保温的作用。

（4）隔音降噪。

车辆行驶时产生的噪声很多是从底盘传递到车厢的。做了底盘装甲后，2～4mm 的涂层能阻隔很大部分轮胎和地面摩擦的噪声，隔音降噪效果明显。

（5）防托底。

底盘装甲材料的厚度是 2～4mm，当被路面突起的硬物刮蹭时，弹性密封材料能起到缓冲作用，从而减轻托底对底盘的伤害。

（6）省维修成本又保值。

底盘支撑着汽车的四大系统，保护好底盘等于保护了其他系统，可以省掉一系列的维修费用。通常新车使用 3 年左右，就会出现锈蚀。车辆保养得越好，它的折旧价值越高。经过一段时间的行驶之后，无论自己使用还是准备换新车，经过底盘装甲（尤其有正规大公司品质保证的装甲）处理的车更保值。

5.6 使用范围

不是全部车都适合喷涂底盘装甲，有一定的条件限制。新车和旧车就有明显的区别。

（1）新车：有必要。

每个品牌车型的底盘防护情况不一样。新车买回来后，车主要尽可能地要求把新车升起来查看底盘。如果新车做过防护，就没有必要再做了，但检查时特别要注意车的轮弧、叶子板内侧和连接钢架等地方是否有防护，这些关键部位通常易遗漏。另外检查一下底盘防护材料是否是简单的类沥青材料：这种材料发干发硬，弹性不足，容易脱落，对底盘的保护作用非常有限。出现这些情况时，都需要做底盘装甲。新车如果没底盘装甲，就更有必要做了。

（2）旧车：视情况而定。

一般比较旧的车没有底盘装甲的保护，因为以前没有做底盘装甲的意识。如果条件符合，也可以喷装：先将底盘清洗，如果底盘没有明显的生锈、刮痕，是可以给爱车做底盘装甲的。

5.7 底盘装甲安装注意事项

（1）选购时防被骗。

应到正规门店购买底盘装甲，如在网上购买，要选择信誉度高的网店，以免上当受骗。而且，不要贪小便宜，多请教专家或购买前先去网上论坛多了解。

（2）施工找正规店面。

一定要去有专门施工车间和专业施工技术人员的正规店面，而且装甲完成后，车主一定不要忘了向施工店索取底盘防锈施工质量保证证书，维护自己的正当权益。正规的店面一般承诺1~3年的质保，在此期间因为托底等原因造成损耗还可以免费修复。

（3）注意施工的天气状况。

要避免在阴雨天施工，因为这样不利于涂料的及时干燥，会直接影响底盘装甲的实际效果。

（4）施工完行驶的路况。

底盘装甲施工完成后，24小时内不要行驶于路况较差的路面，因为此时涂料尚未充分干燥，还未达到完全固化。

5.8 底盘装甲的安装步骤

（1）清洗底盘。

首先用举升机将汽车升高，拆除车轮和内叶子板保护胶板，用高压水枪冲洗底盘，去除底盘上黏结的油泥和沙子，还可以用常见的铁丝网刷把车底附着的泥沙、油污、腐锈和其他杂物刮掉，直到露出金属的本色为止。再用吹水枪将缝隙中的水吹出，并用毛巾将水擦干。

（2）局部包裹。

底盘并非要全部装甲，像发动机油底壳、变速箱外壳、进排气岐管、排气管、避震弹簧、避震器、方向轴等部位，在喷涂时都要用遮盖纸进行包裹，避免防锈材料喷在上面。由于发动机底壳、变速箱外壳需要散热，如果防锈材料喷在它们上面，会影响散热。更不能喷在排气管上，车辆行驶时排气管的高温会将表面的附着物烤焦而发出难闻的臭味。所以，必须先用遮盖纸将这些部位遮盖，尤其注意把车身上的传感器和减震器遮盖好。

(3) 仔细喷涂。

仔细遮盖好关键部位,就可开始喷涂了。底盘防锈胶经高压喷枪喷出,均匀覆盖在车辆底盘上。一般来说,底盘装甲的厚度在 1~3mm 之间,当然也可以根据顾客的要求反复喷涂,直到达到要求的厚度为止。

(4) 干透后装件,完工。

如果天气晴朗干燥,汽车喷涂 2~4h 后就能投入使用,但完全干燥还需要等待 3 天。在这 3 天内,最好不要用高压水枪对底盘清洗。干燥后的保护膜可以很好地黏附在清洁的汽车底盘上,具有极强的耐磨性和抗腐蚀性。

6　汽车防盗器

(1) 了解汽车防盗器的组成。
(2) 掌握铁将军防盗器的加装。

6.1　什么是汽车防盗器

汽车防盗器就是一种安装在车上，用来增加盗车难度、延长盗车时间的装置，是汽车的"门神"。防盗器与汽车电路配接在一起，从而达到防止车辆被盗、被侵犯，保护汽车并实现防盗器各种功能的目的。

6.2　汽车防盗器的功用

(1) 服务功能。
包括遥控开闭车门、遥控启动发动机、寻车等。
(2) 警惕提示功能。
提示汽车曾被人打开过车门、车门或者引擎盖没有关闭好等。
(3) 报警提示功能。
如果有人非法移动或者接触车辆，防盗系统就会发出警报。
(4) 防盗功能。
当防盗系统开启后，如果有人非法进入汽车想把它开走，系统就会自动切断发动机启动电路、点火电路、喷油电路等，防止车辆被盗。

6.3　汽车防盗器的类型

随着科学技术的进步，为对付不断升级的盗车手段，人们研制出各种方式、不同结构的防盗器。目前，防盗器按其结构可分四大类：机械式、机电式、电子式和网络式。

钩锁转向盘锁和变速挡锁等基本属于机械式防盗器（见图6.1）。其主要是靠锁定离合、制动、油门或转向盘、变速挡来达到防盗的目的，但只防盗不报警。

图 6.1

插片式、按键式和遥控式的等都属于电子式防盗器，它主要是靠锁定点火或启动来达到防盗的目的，同时具有防盗和声音报警功能。

GPS卫星定位汽车防盗系统属网络式防盗器。它主要靠锁定点火或启动达到防盗目的，同时还可通过GPS卫星定位系统，将报警信息和报警车辆所在位置无声地传送到报警中心（见图6.2）。

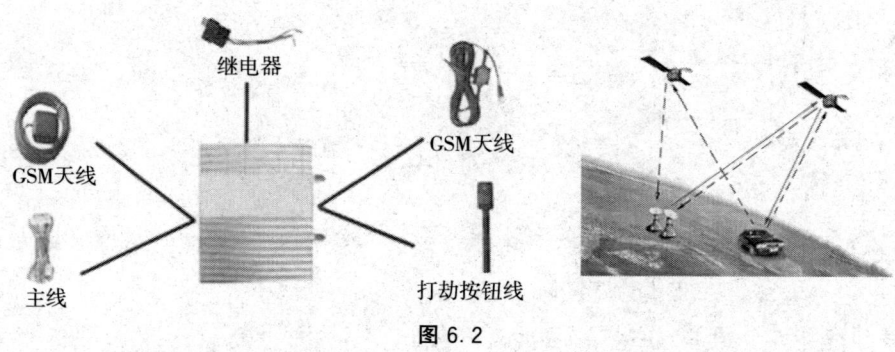

图6.2

6.4 汽车防盗器的组成（以铁将军为例）

汽车防盗器的组成见图6.3。

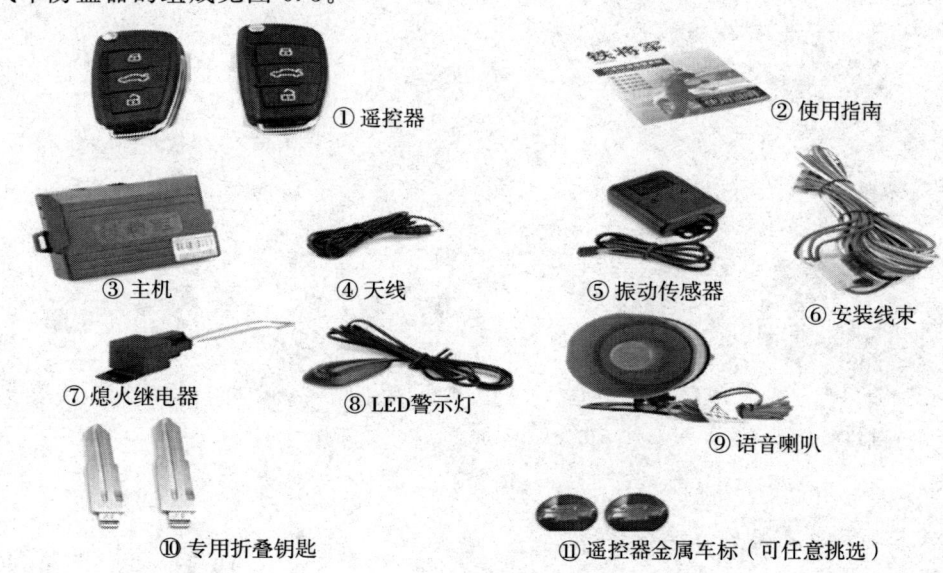

图6.3

6.5 汽车防盗器安装注意事项

汽车防盗器安装流程见图6.4。

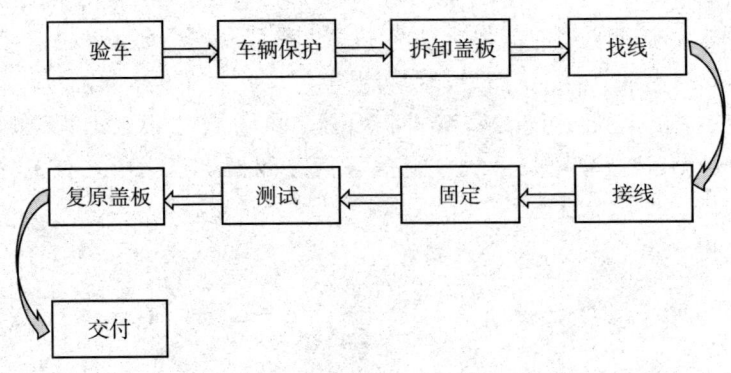

图 6.4

1) 接车验车。

先查验车内设施的状况，如电瓶电压、水温表、机油表、大灯、小灯、转向灯、刹车灯、室内灯、气囊灯、ABS 灯、SRS、天窗等。

2) 选择合适的防盗器（此处以铁将军为例）。

3) 工具准备。

常用工具见图 6.5。

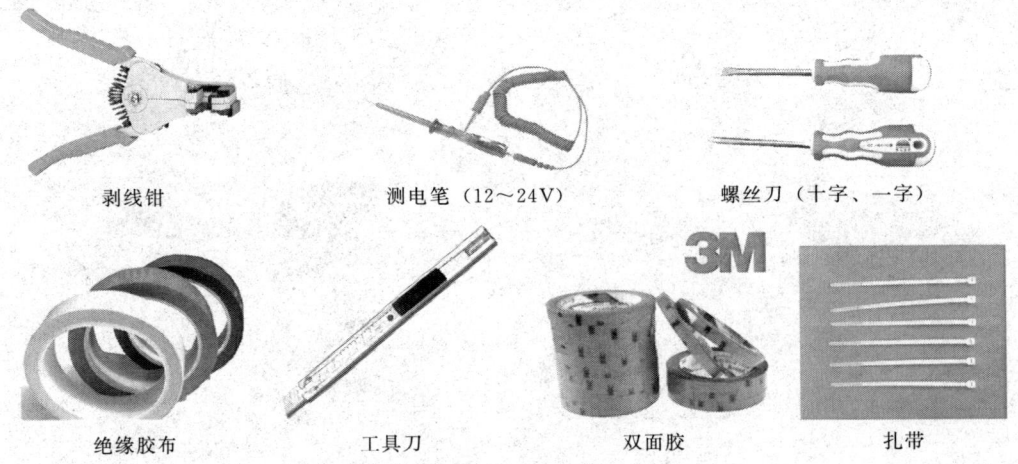

图 6.5

4) 安装工艺技术要求及注意事项。

（1）仔细阅读安装电路图及安装补充说明，严格按照安装电路图进行操作，保证在安装完成后，车内系统主机、防盗主机、天线和咪头在车内的安装位置达到安装补充说明的要求。

（2）安装时须正确使用工具，正确拆装车辆装饰板、车门及仪表盘（需要时）。注意使用规格尺寸正确的工具。

（3）正确剥线、接线和缠线。根据线径粗细不同，将接线端外缘皮剥去 25mm 左右，剥皮时要防止内部铜线受伤或被剪断。线皮剥好后，将露出的铜线绕束扭紧在一起，用绝缘胶布缠好。在搭接启动线或点火线时，剥线应长至 30mm。线皮剥好后，先将铜线一分为二扭紧在一起。然后将两条线一分为二的部分分别扭紧在一起，再将它们合二为一扭紧用胶布缠好。使用的胶布要符合电工标准，注意其绝缘性和有效期。缠绕胶布时，要稍用点力将胶布稍稍拉长，然后缠绕。这样缠好的胶布会自然地紧贴在搭接好的导线上，不易松开，安全、牢固性较好。缠绕常火线、启动线和ON线时，需按胶布的使用方法缠绕2次。缠绕时胶布要有外延，不得有铜线丝露出。继电器下的几条粗线，接好后不要用胶布大面积长长地缠绑在一起，否则不易散热，易出危险。

（4）应注意正确使用试电笔和万用表等仪器、仪表。注意万用表的挡位设置正确。

（5）不能用逻辑电笔去测量的地方：

①安全气囊线，凡车内用黄色套管套住的线及较粗的黄色电线一般不要乱测。

②凡紫色较粗的线也不要乱测，这一般为ABS线。

③和电脑板相连的线不要乱测，否则有可能导致电脑主机锁机等故障。

④在找线时，不要乱翻乱拉插头内的线，否则有可能会拉动线束而导致车内灯常亮等故障。

注意事项：

（1）布线要求。先找好主机固定的位置，线分两路，一路往方向盘底盖，有电源线（红色）、ON线（白色）、控制30A断电器线（黄色）、转向灯线（两条棕色）；其余的线往保险盒及左前方、前盖喇叭线（粉红色）、车门开关线（蓝色）、中控锁线、仪表台上（LED灯线、天线）。

（2）安装前，先将线全部接上，检查线路正确无误后，再分别把电源、震动器、LED灯插上主机，主机及震动感应器的位置应避开音响喇叭等高磁场的地方。

（3）固定主机、震动感应器的位置时，注意它们是否有高温产生以及注意防水（漏水）。

（4）防盗器装得好不好，关键在查找车线是否正确，接线质量是否过关等。线的查找必须正确；线不能虚接，不该搭铁的地方不能搭铁，搭铁的地方必须搭实。接线处必须紧固、绝缘，否则极易造成烧毁防盗器主机或车辆电路的严重后果！主机不要装在离原车电脑板太近的地方，以免影响电脑和主机信号。

安装配线注意事项：

（1）找出适合安装主机的位置（空调冷气出风口除外），仔细观察装饰板的结构状况，因对接配线须拆装装饰板的结构。有条件时戴上工作手套，防止弄脏车内装饰。

（2）中控锁线路部分的连接，因车型不同，触发方式差别较大。如通用、丰田、三菱等系列车型，中控锁控制部分主要采用负触发方式，上海大众车采用双电位负触发，一汽大众采用单线触发方式。但在与防盗器中控锁配线连接中，先确认原车中控触发方式，最好采用和原车信号对接，尽量少采用正电回路接法。

（3）门开关检测线连接时一定要接顶灯控制总线（四门总线），不要接在左前门开关线上，因为主门开关线和其他门开关线，加有二极管，是分离开的，相互不连通，避免装防盗器后在设定警戒时，出现开后门不报警现象。

（4）断电器的连接中一定要先确认好点火线、燃油泵控制线、启动线后再选择断开哪一路（断启动线时没有防抢功能）；防盗主机输入ON线要对接在断开电路上端，也可单独把车钥匙接在 ON 位置时有正 12V 电压的线上。

（5）电源负极线最好与原车接地连接；电源正极线，应在其他配线连接好时最后连接；所有配线一定要用绝缘胶布包扎牢固。主机天线位置与遥控距离有很大关系，一定要严格按说明书要求进行安装，否则会影响遥控距离。报警喇叭安装时要远离发动机排气管高温处，以免高温损坏。

全部安装并测试完后，安装技师应向车主讲解简单的常用功能操作方法，包括遥控的大约距离、遥控器的电池使用时间、紧急解除开关的使用，最后告诉用户安装点电话和厂家电话，以便用户享受更好的服务。

注意事项：

（1）系统主机和防盗主机以及外挂天线、拾音器的距离一定要达到安装补充说明的要求，以避免误报的情况发生。

（2）安装完毕后，一定要在设置好报警电话、紧急报警电话后，再进行报警测试。否则会造成系统死机，无法进行正常的电话操作。

（3）在使用该防盗器之前，一定要请车主仔细阅读使用说明书，严格按照说明书的操作进行日常使用。

6.6 汽车防盗器的安装步骤

1）防护准备。

须准备有套、翼子板布、脚垫、毛巾等，见图6.6。

图 6.6

2）防盗器安装前检查原车电路。

（1）确认原车是否有中控锁。

如有中控锁，判断它是哪种触发形式。在安装防盗器时就可按照安装电路图中的中控锁接线图进行接线。

触发形式判断方法：

①用螺丝刀拆掉工作台左下面附板，找出中控线，用一只电笔一头搭铁、一头碰中控线，一根线会落锁、一根线会开锁（这就是负触发）。

②用一只电笔一头搭正线、一头去碰中控锁线，一根线会落锁、一根线会开锁（这就是正触发）。

注意：若判断不定，则按照中控锁接线图中的正负触发进行连接，确保中控锁正常工作。

如没有中控锁，则需加装。

（2）中控锁电路。用原车钥匙（或中控锁开关）开启/关闭左前车门，观察所有车门是否在同一时间内开启/关闭。目的是防止原车各门锁电路或机械结构出现故障。

（3）车门开关。分别打开各车门，检查所有车门检测开关，是否接触正常；观察分别打开车门时，车顶灯是否正常亮。目前大多车型顶灯带有延时熄灭功能，检查时须等顶灯熄灭后，再依次打开其他车门，检查门开关是否有损坏、漏电、接触不良等现象，防止装防盗器后出现误报警。

（4）启动电路。将车钥匙旋转到 ON 位置，观察仪表盘内各指示灯亮情况（如气囊、ABS、充电、发动机故障灯等），然后正常启动车辆，再观察各指示灯熄灭情况有无异常。

（5）转向灯电路。钥匙转到 ON 位置，分别打开左右转向灯开关，观察左右闪光灯频率（速度）是否一样（打开紧急双闪灯开关也可对转向灯电路进行检查）。

3）确定安装位置。

拆下仪表台下端装饰板，确定车内系统主机、防盗器主机、天线和咪头等部件的安装位置（一定要达到安装补充说明的距离要求），注意防尘、防水，为分配接线打好基础。

4）查线、接线、线路布置。

查线：查出电路安装所需连接的线路。连接防盗器需要查出的车内线路主要有如下几条：正电、ACC、锁头 ON 线、转向灯线、脚刹开关线、门边触点开关线、中控锁信号线。

查线方法：

（1）正电（主电源线）。汽车点火锁头下方出线接头，拆下方向盘的附板，在没有用钥匙打开锁头的情况下（把钥匙拔下来），用电笔一头搭铁，一头去碰锁头引线，如测电笔的指示灯会亮且用万能表检测电压为 12V 的那根粗电源线，便是长火线（正电）。其一般为粗红线，此线接防盗 6P 红色线，见图 6.7。

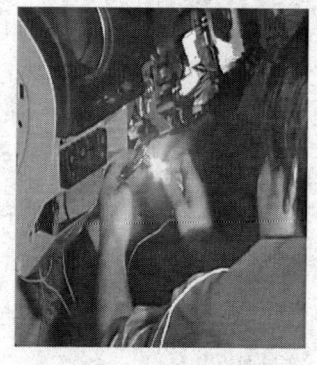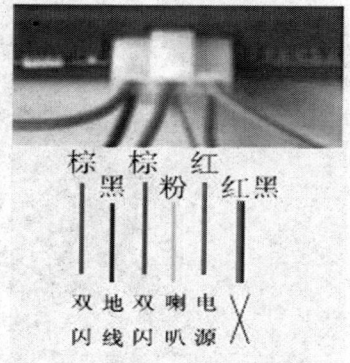

红黑线为正电（中华轿车）

图 6.7

(2) ACC 线。

在防盗器中 ACC 线一般作为行车检测（信号线）。汽车的 ACC 线主要为汽车音响提供电源。

将锁头钥匙打到 ACC 处，用电笔在锁头引线上测试，电笔指示灯亮；钥匙关掉后，指示灯灭，则此根连线为 ACC 线（见图 6.8）。

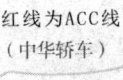
红线为ACC线（中华轿车）
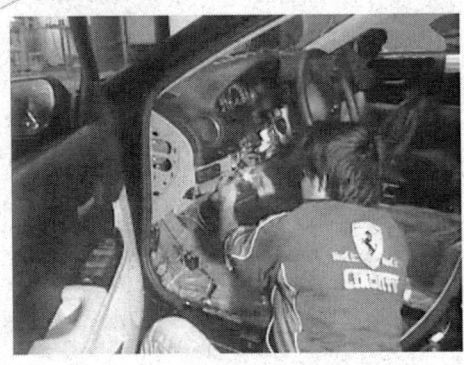

图 6.8

(3) 锁头 ON 线。一般汽车的 ON 线有两根。

引擎 ON 线：为汽车引擎电路提供电源；

空调 ON 线：为空调系统提供电源。

将锁头钥匙打到 ON 处，用电笔在锁头引线上测试，电笔指示灯亮。把钥匙旋至 ACC 时指示灯会灭。然后启动发动机，发现电笔指示灯会明显地灭一下，然后又亮起来。将此根线断掉，发动机熄火，此根连线即为 ON 线（见图 6.9）。此线接防盗 4P 白线。

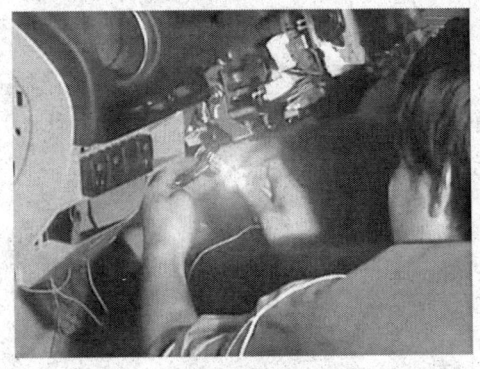

图 6.9

车锁 ON 线还要与继电器相连接，如图 6.10 中的白 85 线和绿 87a 线。

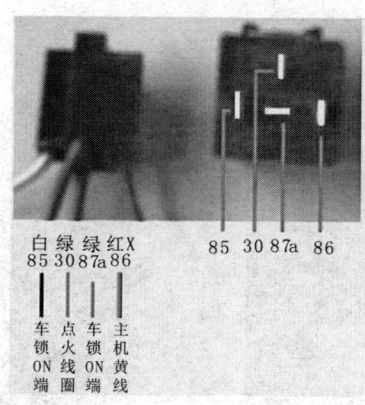

图 6.10

（4）转向灯线。

方向灯线可在方向盘下的控制开关或接线盒中找到，为两根左右方向灯线。

在钥匙没插进锁头前，按下应急灯开关，左右方向灯会闪，用测电笔测试时电笔指示灯会亮；而关掉应急开关，电笔指示灯会灭。多次试验如此，证明所测的两根线为方向灯控制线。把钥匙打到 ON 挡，打开某一转向灯开关。然后用电笔在转向灯开关下的线束上查找（有少量车型需在保险盒附近查找），如果电笔指示灯随着转向灯开和关一亮一灭，此线即为转向灯线，同理查找另一根转向灯线。转向灯线接在防盗的 6P 接头上的两根棕色线上。

（5）脚刹开关线。

此线一般在脚刹上方的触点开关处可查到。

把钥匙插进锁头旋至 ON，一根线为常通的正电，用测电笔测试时指示灯会长亮；另一根线在踩下脚刹后才有电。松开脚刹时电笔指示灯会灭的线是脚刹开关线。多次试验如此，即可证明此根线为脚刹线。此线接防盗 4P 橙色线，见图 6.11。

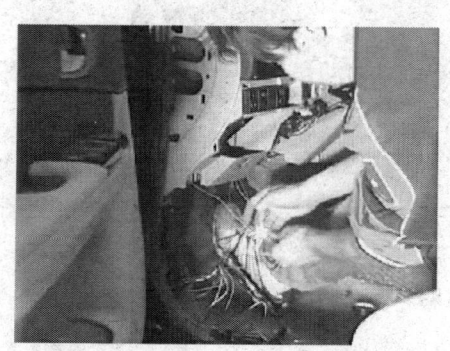

两线插头红黑线（中华轿车）

图 6.11

（6）门边触点开关线。

将驾驶位的门打开，其他门关闭。电笔夹子端接车内正电，另一端测试门边开关的线束。用手按住门边的触点，一开一关。随着门边触点的开关，电笔指示灯和车内的照明灯一亮一灭。此线即为此门的门边触点线。一般的轿车共有4个边门控制线。通常找通顶灯的控制门边触发的顶灯线，此线接防盗4P蓝线，见图6.12。

 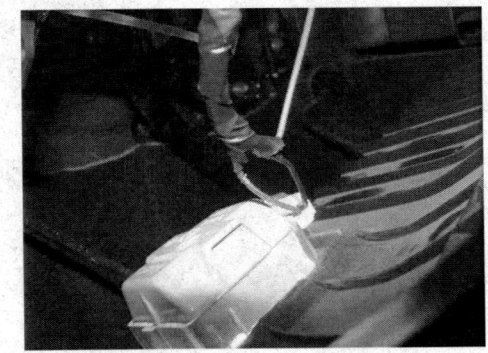

（中华轿车方向盘下面，黑色线为开门信号灯线）

图 6.12

（7）中控锁信号线。

电笔一端接地，另一端测试线束中的线路（线束一般在驾驶位门边附近）。反复测试，四门的锁随着电笔指示灯的亮和灭而一开一关，此即为信号线。

原车装有中控锁，一般在司机位的边门。首先拆下边门的装饰板，找出线束，在关锁的情况下，用测电笔点试每一根线，如所点的线会使门锁开启，则说明此根线为开锁信号线；如未开锁，所点的那根线会关闭关门锁，这说明此线为关锁信号线（见图6.13）。

 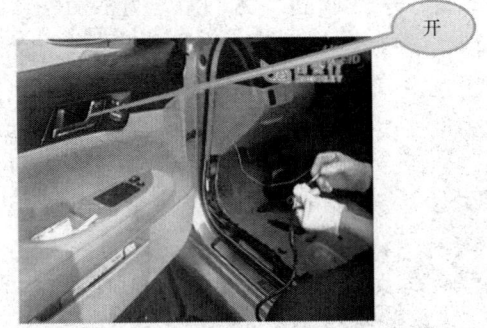

白：接中控锁关的那根控制线　　　　白/黑：接中控锁开的那根控制线

图 6.13

当中控锁是负极触发的时候黄和黄/黑接地。当中控锁是正极触发的时候黄和黄/黑接12V（如果接错了换一下就好）。

注意：此时要注意触发形式。在安装防盗器的时候按照安装电路图中的中控锁接线图接线。

（8）开启后备箱门锁控制线。

在司机位的边门下缘找此线。此功能须汽车本身具有电动开启后备箱的马达。先找到马达，观察马达控制线的颜色，然后在边门下缘找出相应的线（见图6.14）。

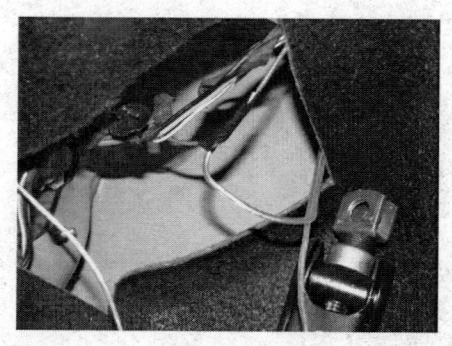
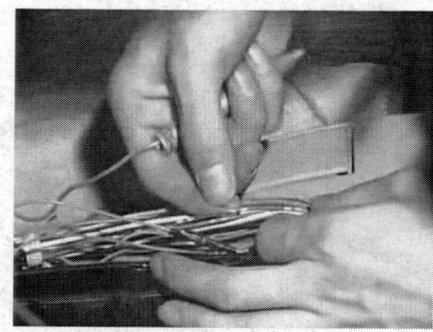

图 6.14

5)安装振动传感器。

振动传感器的灵敏度出厂已经设定好,一般不用调整(见图6.15)。

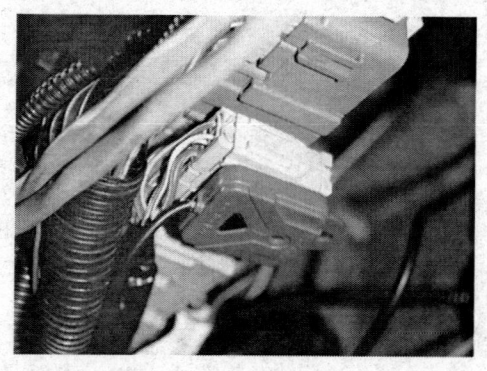
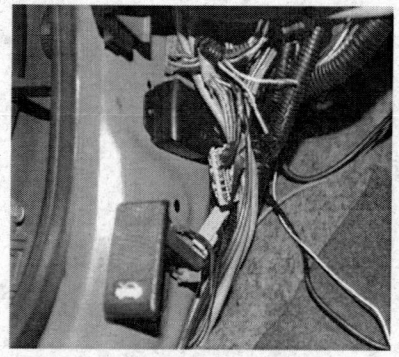

图 6.15

6)安装喇叭。

报警喇叭安装在发动机舱横拉杆中心点的右侧。其应接到防盗6P粉色线上。图6.16为中华轿车报警喇叭的穿线位置。

图 6.16

7)其他元件。

根据说明书安装到主机上即可。

8)安装系统主机。

在以上所有线路连接完成后,按照安装电路图和补充说明做最后确认。无误后,连接系统负电（搭铁线）。此线最好自己找一搭铁螺丝连接。所有线束包扎完毕，将主机和各个插口依次插好（见图 6.17）。

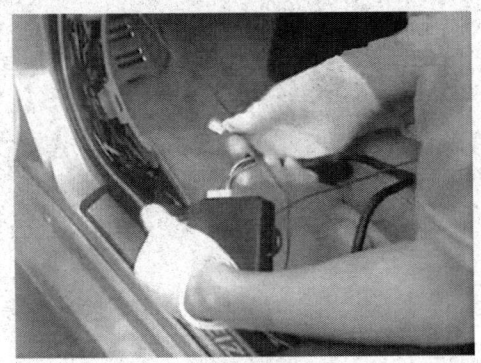

图 6.17

9）测试。

先利用手机或座机，按照说明对系统主机进行设置：设置报警电话、紧急报警电话。然后进行测试，将所有功能演示一遍。确认无误后，将所有系统部件固定在车内隐蔽处，还原所拆的汽车内饰件。最后再进行整机测试，无误后，完成安装过程。

6.7 汽车防盗器的常见故障解答

问：遥控器按一下按键，显示符号全显示一遍，并且发出装入电池时一样的声音。

答：出现此问题最大的可能性为遥控器电池已没有电，当按遥控器时发射信号需要电流较大，有些品牌的电池低压特性不好，引起电池电压降低很多，导致遥控器复位。更换电池即可，一般 7 号碱性电池可以使用一个月左右。如果电池更换后仍有此现象，可能遥控器主板有问题。

问：按遥控器时，主机没有任何反应，但主机可以报警，开门会闪灯。

答：当出现此问题时，检查另外一个遥控器能否遥控，如果能遥控，说明主机是正常的，让不能工作的遥控器重新学习对码，看能否学习成功。如果能则说明遥控器正常，只是主机丢了一个密码，重新学习即可。如果不能够学习对码，遥控器可能有问题，建议更换一个新的遥控器，重新对码。如果另外一个遥控器也不能遥控操作，需重新对码。如果重新对码后遥控器操作正常，说明主机密码丢失，重新学习即可。如果重新学习不成功，则问题不在遥控器，检查一下主机天线及其他连接线，如果没有问题，应该是主机接收电路出问题，可更换主机。解码电路采用双备份密码形式，丢失密码的情况很少。如果有的主机经常丢码，应更换主机，可能主机解码电路有问题。

问：遥控器上没有显示或显示状态不会改变，按遥控器，主机有反应，上下锁正常，遥控器不会报警。

答：汽车在行驶状态下，按遥控器上下锁时遥控器上显示的状态不会改变，此属正常现象，因为在此状态下没有必要改变显示；如踩脚刹可以下锁，改变显示容易引起混乱。

在其他状态下，遥控器上的显示应该随防盗状态不同而改变，如果按遥控器，主机有反应，但遥控器上显示不改变或无显示，应检查另外一个遥控器是否正常。如果另外一个遥控器出现相同的现象，可能是主机发射报警电路有问题。如果另外一个遥控器正常，说明遥控器报警接收电路有问题，更换一个新的遥控器重新学习，故障应该可以消除。如果只有一个遥控器，建议先更换一个遥控器对码之后看是否正常，如果还不行，可能是主机的问题。

问：遥控器遥控和报警距离变近，有时有电池符号出现。
答：这种情况应该为电池没电了，更换电池即可。一般 7 号碱性电池可以使用 1~2 个月，当电池电压不足时，遥控报警距离会变近。如果更换电池后仍有此现象，可能是遥控器有问题，更换一个遥控器，重新学习一下即可。

问：遥控器报警距离近，或者报警距离有时近有时远。
答：遥控器距离有时远有时近，有可能为周围的电磁波干扰。如果地处无线电台、电视台附近，或者 BB 机发射台、移动电话中继站、雷达站或其他发射台站附近，电磁干扰很大，报警距离较近属正常；也有一些工业设备如塑压机等也可产生很大干扰。如可排除这些设备的干扰，检查一下接收天线接触是否良好、天线安装位置是否正确，如果天线安装在金属柱子或铁板上会对距离有很大影响，应该安装在玻璃内侧离边缘 5~10cm 处。另外，天线安装位置应该避开贴太阳膜的部分，因为太阳膜含有金属成分，也会对距离产生影响。

一般情况下，在空旷地，620C-FM 型直线遥控距离有 1000m 左右，报警距离有 1500m 左右，800~1100m 都属正常。因为周围环境不同，620B-AM-FM 混合型遥控距离在 100~200m，50~100m 也属正常；报警距离一般有 1000m，700~1000m 都属正常。在居民区中，620C-FM 型遥控距离为 300~500m 都属正常，主要看中间的障碍物有多少、多高、多大，一般隔两栋多层楼房仍可以正常遥控和报警。但在一栋楼房周围无论如何都应可遥控报警，不管是在正面或背面。如果在地下停车场，车在地下一层时，在地面 100~200m 范围内可以遥控已算比较好的情况。

问：遥控器报警时，开锁和关锁符号同时出现。
答：此属正常现象，出现这种现象有两种情况：一是此遥控器没有进入防盗状态，如用另外一个遥控器进入防盗状态，当有报警时，此遥控器显示状态会有开锁和关锁两个符号同时显示；另一是在行驶状态，如用遥控器进入防抢状态，遥控器上也会有开锁和关锁两个符号同时显示。

问：更换电池后，遥控器无反应，显示不正常。
答：注意电池极性有无装反，是否为电量正常的新电池。换过电池后需要查询一下汽车状况才会显示出来，或重新进入或取消一下防盗才会显示正常。一般碱性电池可以使用 1~2 个月，换电池一般不会引起其他问题。

问：安装后主机没有反应，喇叭不响。

答：首先检查按遥控器时主机继电器有无滴答声。如果主机继电器无滴答声，说明主机根本没有加电，检查电源线上有无12V电压，电源线上的保险丝是否正常，插座接触是否正常，重新插一下主机大插座看有没有反应，一般上电无反应的情况很少。

问：安装后进入和取消防盗中控锁不动作，锁没有反应，叫声正常。

答：如果只是锁没有反应，首先看中控锁连线上的两个保险丝是否正常，插座是否插好。然后再看接线方式是否正确，如果有原厂中控盒或加装的中控盒，一般为负触发，具体需要测量一下。如果为奥迪、奔驰、红旗等车型，接法比较特别，需仔细参考安装图，加装的中控盒一般为负触发，首先实验中控盒是否能正常操作，再看接线是否正确，用测电笔测试防盗器能否输出负电。如果没有中控盒，只是加装中控马达，则应采用正负触发的方式，可以在锁两端直接测能否输出正负电。再看接地是否可靠，接线是否正确，然后检查是否是主机的问题。如果换过主机后还是不行，则肯定不是防盗器的问题，应检查电线或连接等其他问题，如锁有无问题、电线有无问题等。

问：对气动锁驱动车辆（奥迪、奔驰、红旗等）中央门锁不动作，或者能开不能关。

答：如果接线检查无误，出现此问题，最大可能性为中央门锁驱动时间不够，因为这些车型的中央门锁为压缩气体驱动的气动型，驱动时间必须达到3s以上，这样必须剪断主机上的选择线，然后再插上主机。注意剪断后主机需要断一下电，这样中央门锁驱动时间会延长3～4s，一般电动门锁的驱动时间只有0.5s。另外注意这种驱动方式接线方式比较特别，需要仔细参看说明书，如果接线正确一般不会有问题。

问：进入防盗后，开门不报警。

答：如果开门不报警很大可能为门线接错。如果接线正确，在没有进入防盗时，打开车门，车灯会闪烁一段时间。如果不闪，可以把门线直接接地，看车灯是否闪：如果闪，说明门线没有接对；如果不闪，检查接线插座是否连接良好。如果主机报警，遥控器不报警，则可能遥控器有问题，需要更换遥控器，重新学习对码。

问：进入防盗后，振动不报警，或进入防盗10s后就开始振动报警。

答：进入防盗10s后才开始检测振动感应器，这样是为了避免关门时的振动。如果10s后振动还不报警，首先检查振动感应器灯能否亮，连线是否正确，插座是否可靠连接，灵敏度调节是否合适（灵敏度调到最低时根本不能触发）。如果还不行可更换感应器试一下，如更换后仍不能报警可能是主机问题。

进入防盗10s后就开始振动报警，此种情况一般是由于振动感应器太灵敏，可以先拔掉振动感应器看是否还有此现象：如果有，应是主机的问题；如果没有，则是振动感应器问题，降低灵敏度应该可以消除此现象。

注意：一般不要把振动感应器灵敏度调得太高，否则出现莫名奇妙的振动报警，或者

6 汽车防盗器

夜间会偶尔叫几声，有车经过时也会叫几声，灵敏度调到用力拍打玻璃会叫就可以了。

问：进入防盗状态后，用钥匙打火不报警，或者报警时可以用钥匙启动汽车。

答：如果进入防盗后用钥匙打火不报警，最大可能为接错线。在取消防盗后，把钥匙扭到 ON 位置，此时按遥控器开锁关锁，主机应该只上下锁，喇叭不叫，如果喇叭还叫，ON 线应该是接错了或者检查连线和插座是否接触良好，线的次序是否错等。

如果在防盗状态用钥匙打火时，还可以打着汽车，但报警是正常的，或停止打火，汽车不会自动熄火，需要检查断电器是否正常、主机有无输出断电信号、断电器接线是否正确、插座有无插好等。如果汽车还会自动熄火，此种情况一般为汽车电瓶电量不足，打火时电池电压被拉得很低，导致断电器不能正常断开。但此情况在打火停止时，电压会回升，断电器会重新起作用，所以还会熄火防盗，此情况属正常。

问：进入防盗状态后，防盗器 LED 指示灯不闪。

答：一般情况下此问题为连线问题。可检查插座连接是否可靠，如连接有问题可换一条 LED 灯线。主机出问题的可能性很小。

问：按遥控器进入遥控启动状态后，主机叫四声，不启动。

答：此种情况为启动模块未加电，或者启动模块和主机连接信号线未连接好，或者手刹未拉起，或者手刹接线不正确。应检查启动模块的电源保险丝是否正常、手刹线接线是否正确和主机模块连线是否正常。

问：打着火后又熄火，重打火，如此反复打 6 次。

答：此现象为启动检测信号线信号太弱，或者信号线接线不正确，才导致检测不到启动信号而熄火，又反复启动。一些电喷车高压线不在外面，可能无法检测到信号，只能接到机油灯上或者直接接到电源上。如果接到电源上无法打火 6 次，可能导致主机误以为已经打火成功。

注意：现在许多中高档车带有电子防盗。此种汽车没有检测到原厂钥匙是不打火的，所以这类带有电子钥匙的汽车不能安装遥控启动模块。

问：打火 6 次后还打不着火。

答：很大可能性为低档汽车比较难启动，或者冷天比较难启动。对于这种情况，可下车把风门拉起来，以利启动。

问：打着火后，暖车一会儿就熄火。

答：这种情况一般也是汽车的问题。启动后怠速可能较低，不能维持长时间的运行，可能会偶尔熄火，把风门拉起利于避免此问题。

问：偶尔或经常有振动报警（遥控器上显示有锤子）。

答：此种情况一般是由于振动感应器太灵敏。可以先拔掉振动感应器看是否还有此现象，如果还有则应是主机的问题，如果没有则是振动感应器问题，降低灵敏度应该可以消除此现象。

注意：一般不要把振动感应器灵敏度调得太高，否则会出现莫名奇妙的振动报警或鸣叫，灵敏度调到用力拍打玻璃会鸣叫就可以了。

问：正常使用时主机有时有反应有时没反应。

答：出现此问题的最大可能性为接触问题。仔细检查连线接触是否良好、保险丝是否接触良好、接地是否良好。如果都没有问题，则可能主机内部有接触问题，应更换主机。

问：进入防盗状态下锁后，主机鸣叫三声，半分钟后开始报警。

答：出现此现象有两种可能：一是门未关紧，或者门接线有问题如被磨破短路；二是有些车有关门延时功能，如果超时会引起报警。使用中也可以通过关门之后再进入防盗状态来避免此问题出现。

问：行驶过程中车灯闪，喇叭叫，会熄火。

答：此现象为防抢状态，可能在行驶过程中有意或无意按了两次遥控器的查询键，可按取消防盗键消除。如果由于强烈干扰使主机工作混乱，先减速把车停到一边，再熄火按遥控器把此状态取消，不过，强烈干扰使主机工作混乱的可能性很小。

问：行驶过程中不能进入防抢状态。

答：进入防抢状态，先按一次查询键，遥控器会鸣叫3声，然后在3s内再按一次查询键，主机才会进入防抢状态。进入防抢状态后，主机先闪灯30s，喇叭再鸣叫30s，然后汽车会熄火并一直报警。

6.8 单向防盗器安装常见问题及解决方法

问题1：

A. 设定防盗后，经常出现振动误报，喇叭间歇鸣叫；

B. 设定防盗后，振动不灵；

C. 设定防盗后，振动不会报警。

解决方法：

A. 检查振动感应器灵敏度是否太高。应逆时针方向调整感应器调节旋钮位置。

B. 检查振动感应器灵敏度是否太低。应顺时针方向调整感应器调节旋钮位置。

C. 检查是否关闭振动感应器功能。请查阅功能说明书。

问题2：设定防盗状态10s后，报警喇叭连续鸣叫不停，用遥控器解除后重新设定防盗，情况一样。

解决方法：

A. 检查车辆所有车门是否关妥。车门未关妥时,设定防盗后车方向灯会闪 3 次,提示关好车门。

B. 检查边门感应线是否接错。

C. 检查原车所有边门开关是否漏电或有损坏、短路现象。

问题 3:用遥控器不能上锁和开锁。

解决方法:

A. 检查原车中央门锁系统动作是否正常。关好车门,操作原车控锁开关。

B. 检查防盗器主机与中央门锁之间连接线是否有松动、错接现象。如有请详阅中央控制门锁线路安装说明,接好中控配线。

C. 检查防盗器主机配线、保险丝是否有烧断现象。

问题 4:设定防盗后,车辆触发时方向灯会闪,但报警喇叭不鸣叫。

解决方法:

A. 检查静音功能是否开启。

B. 检查喇叭与主机间接线是否有问题。

C. 检查报警时主机喇叭线是否有+12V 电压输出。可用试灯作喇叭测试。

D. 检查报警喇叭是否有问题。直接供给报警喇叭正极+12V 电源,观察是否正常鸣叫。

6.9 双向防盗器安装常见问题及解决方法

问题 1:解除防盗后,打开车门转向灯不会闪。

解决方法:只有锁匙在 ON 位置处或车在发动中,打开车门后方向灯才会闪。

问题 2:设定防盗后,振动报警太灵敏或不灵敏。

解决方法:调节振动感应器灵敏度。

问题 3:设定、解除或车报警时车灯会闪,但车喇叭不会响。

解决方法:检查车是否已设定为静音功能或喇叭线是否连接良好。

问题 4:设定防抢功能后,车不会报警和熄火,其他功能正常。

解决方法:车必须在没有熄火或行驶中,用遥控设定防抢后,车离开遥控器 500m,此功能有效。另外,若断电器接在马达线上,防抢报警不会熄火;若断电器接在 ON 线上,防抢报警并同时熄火。

问题 5:遥控器装上电池后,按键有符号显示,但是汽车无任何反应。

解决方法:按下主机上的"配遥控器/紧急解除"按钮,若车灯或喇叭有反应就检查射频头天线与主机间的插头是否插牢,或重新配码。

问题 6:车发动后,放下手刹,不会自动上锁;关车锁匙后,不会自动开锁。

解决方法:检查手刹线和白色 ON 线是否接在正确位置。

问题 7:使用一段时间后,用遥控器能开锁但不能上锁,其他功能正常。

解决方法:检查开锁保险丝是否烧断。

问题 8:在使用中,遥控器有时有报警声,但车辆状况正常。

解决方法:检查遥控器电池是否有电。

问题9：装在气锁车型后，不能开锁和上锁，其他功能正常。

解决方法：检查防盗器主机气锁延时插销是否去掉，开关锁信号线是否接对。

问题10：装遥控启动型，用遥控启动后，有二次打马达现象。

解决方法：检查棕色感应线是否正确接在充电指示灯线或机油压力指示灯线上。

问题11：装车后，用遥控器能开锁和上锁，但报警喇叭不会响，车转向灯不闪。

解决方法：防盗器主机白色ON线错接在常有电的线位上。

问题12：装车后，用遥控器不能开启后备箱，其他功能正常。

解决方法：确定原车是否有电子开关控制开后备箱功能，若原车无此功能，可另加装二线马达控制开启后备箱。

问题13：设定有音防盗后，有时会转成无音防盗，有时正常。

解决方法：检查遥控器电池是否接触良好，遥控器是否受静电干扰（遥控器上电时为静音防盗）。

6.10　原车中央门锁触发识别方法

中控锁全称是中央控制门锁。为提高使用的便利性和行车的安全性，现代汽车大都安装有中控锁。

1）中控锁的功能。

（1）中央控制。当驾驶员锁住身边的车门时，其他车门也同时锁住。驾驶员可通过门锁开关同时打开各个车门，也可单独打开某个车门。

（2）速度控制。当达到一定车速时，各个车门能自行锁上，防止乘员误操作车门把手导致车门打开。

（3）单独控制。除驾驶员身边的车门以外，还在其他车门设置单独的弹簧锁开关，可独立地控制单个车门的打开和锁住。

2）中控锁结构。

目前汽车上用的中控锁种类很多，但其基本组成主要有门锁开关、门锁执行机构和门锁控制器。

（1）门锁开关。大多数中控开关都是由总开关和分开关组成，总开关装在驾驶员身旁车门上，驾驶员操纵总开关可将全车所有车门锁住或打开；分开关装在其他各个车门上，可单独控制各个车门。

（2）门锁执行机构。中控锁执行机构是用于执行驾驶员的指令，将门锁锁上或开启。门锁执行机构有电磁式、直流电动机式和永磁电动机式3种驱动方式。其结构都是通过改变极性转换其运动方向而执行锁门或开门动作的。

①电磁式。它内设2个线圈，分别用来开启、锁闭门锁。门锁集中操作按钮平时处于中间位置。当通正向电流时，衔铁带动杆左移，门被锁住；当给开门线圈通反向电流时，衔铁带动连杆右移，门被打开。

②直流电动机式。它是通过直流电动机转动并经传动装置（传动装置有螺杆传动、齿条传动和直齿轮传动）将动力传给门锁锁扣，使门锁锁扣开启或锁止。由于直流电动机能双向转动，因而通过电动机的正反转可实现门锁的锁止或开启。这种执行机构与电磁式执

行机构相比,耗电量较小。

③永磁电动机式。永磁电动机多是指永磁型步进电动机。它的作用与前两种基本相同,但结构差异较大。转子带有凸齿,凸齿与定子磁极径向间隙小而磁通量大。定子上带有轴向均布的多个电磁极,每个电磁线圈按径向布置。定子周布铁芯,每个铁芯上绕有线圈,当电流通过某一相位的线圈时,该线圈的铁芯产生吸力吸动转子上的凸齿对准定子线圈的磁极,转子将转动到最小的磁通处。根据需要的转动方向向下一个相位的定子线圈输入一脉冲电流,转子即可转动使门锁锁止或开启。

(3) 门锁控制器。门锁控制器是为门锁执行机构提供锁止/开启脉冲电流的控制装置。无论何种门锁执行机构都是通过改变执行机构通电电流方向控制连杆左右移动,实现门锁的锁止和开启。门锁控制器的种类很多,按其控制原理大致可分为晶体管式、电容式和车速感应式3种。

①晶体管式。晶体管式门锁控制器内部有2个继电器,一个负责锁门,一个负责开门。继电器由晶体管开关电路控制,利用电容器的充放电过程控制一定的脉冲电流持续时间,使执行机构完成锁门和开门动作。

②电容式。该门锁控制器利用电容器充放电特性,平时电容器充足电,工作时把它接入控制电路,使电容器放电,继电器通电而短时吸合;电容器完全放电后,通过继电器的电流中断而使其触点断开。

③车速感应式。此种装有一个车速为10km/h的感应开关,当车速大于10km/h时,若车门未上锁,门锁控制器自动将门上锁。

3) 中控锁的遥控原理。

中控锁的无线遥控功能是指不用把钥匙插入锁孔中就可以远距离开门和锁门。其最大优点是:不管白天黑夜,无需探明锁孔,可以远距离、方便地进行开锁(开门)和闭锁(锁门)。

遥控的基本原理是:遥控器发出微弱的电波,由汽车天线接收,经电子控制器ECU识别信号代码,再由该系统的执行器(电机或电磁线圈)执行启/闭锁(门)的动作。该系统主要由发射机和接收机两部分组成。

4) 查找锁线方法。

(1) 首先判断负触发:用电笔搭铁去点线,点到一线能开,点另一线能关,即是负触发。

(2) 接好负触发后遥控不动作,在保证线接好没脱落的情况时可判断是开关串联负触发,需要找三根线,再找下搭铁线(是主机里面的搭铁线或主门电机的接地线)。

(3) 如只能找到一根用试电笔搭铁给一个负极能开或关,再给信号也不会再反方向动作,用剪刀剪开会动作的线,这就是单线串联负触发。

(4) 如找到一根线,给负信号能开也能关就是单线负触发。

注意单线负触发和单线串联负触发的区别:单线负触发无论给多少次信号都会做相反动作,而单线串联负触发给过信号后不会再做相反动作,只有断开才会动作。

(5) 如果只能找到一根给信号也不能反方向动作的线,就要考虑在开锁线上加个电阻(一般是300~1500Ω),再去测看是否有动作,如有就是双电位负触发。

(6) 正电回路。电笔搭铁推动中控开关，关或开时测到电笔与推动动作同步闪烁的就是主机信号线。接线方法是把开闭锁信号线剪断，橙色和橙黑线接靠中央门锁控制器那边，白色和白黑色线靠主门电机这边。黄色和黄黑线接12V常火线。橙色线对应的是白色线，橙黑线对应的是白黑线。

(7) 正触发。电笔搭铁推动中控开关测线，当测到中控锁开的时候这根线是长火线，关的时候就没电。如测另一根线是关的时候是长火线而开的时候没电，则其为正触发。

(8) 正负触发。一般原车驾驶员门锁能控制另外三个门，但是没有动力（没有电机，只是一个双向开关）。最后，把防盗器负极线接上，可以接到车上任何金属部分，用螺丝固定以免脱落。

5) 中控触发的几个类型。

(1) 负触发。黄和黄黑线接负极，橙和橙黑线剪断不接，白和白黑线接中控开关锁信号线。

(2) 正触发。黄和黄黑线接正极，橙和橙黑线剪断不接，白和白黑线接中控开关信号线。

(3) 正负触发。黄和黄黑线接正极，橙和橙黑线接负极，白和白黑线接电机上的两根信号线上。

(4) 正电回路。黄和黄黑线接正极，橙、橙黑和白黑线接到找好的两根马达信号线上，马达线剪断，白和白黑线接到通往主门的线上，橙和橙黑线接到通往主机盒的这边，注意要对应颜色，橙对白，橙黑对白黑。

(5) 双电位负触发。黄和黄黑线接负极，橙和橙黑线不接，白和白黑线其中一根要串电阻接到一根中控信号线上（提前确认电阻串在哪根线上）。

(6) 单线串联负触发。有三种接法：①橙线不接，黄线接负极，黄黑线剪断不接，然后把中控信号线剪断，白和白黑线串在一起接到中控主机盒这边，橙黑线接到主门那边。②黄线不接，橙黑线不接，黄黑线接负极，然后剪断中控信号线，橙线接到中控盒这边，白和白黑线接到主门这边。③黄和黄黑线接负极，橙和橙黑线接到一起，然后把中控信号线剪断分别接上。

(7) 开关串联负触发。把原车中控马达上的负极线剪断，橙线接到马达这边，白黑线接到中控盒这边，白和橙黑线接到一起，黄和黄黑线分别接到中控信号线上。

(8) 单线负触发。需加一只5线马达，黄和黄黑线接负极，橙和橙黑线不接，白和白黑线接到5线马达棕色和白色线上，马达黑色线接原车中控信号线，蓝色和绿色线接到原车马达信号线上。防盗器主机中控控制线橙、白、黄、橙黑、白黑、黄黑工作原理：橙、白、黄3根线在主机里共用一个5线继电器，橙黑、白黑、黄黑共用一个5线继电器。白和橙、白黑和橙黑线在主机里是长闭合的状态，只有在遥控器发出开锁和关锁的指令时才会和黄、黄黑线接通（瞬间接通）。

7 汽车封釉

汽车封釉，顾名思义就是经过多道工序处理以后，在车漆表面形成一层类似"唐三彩"等陶器制品外表涂层的保护膜，具有隔紫外线、防氧化、抵御高温和酸雨的功能。

7.1 封釉简介

汽车封釉美容的基本原理是依靠震抛技术将釉剂反复深压进车漆纹理中，形成一种特殊的网状保护膜，从而提高原车漆面的光泽度、硬度，使车漆能更好地抵挡外界环境的侵袭，有效减少划痕，保持车漆亮度。

封釉前，首先要对全车抛光，以避免氧化层在釉和漆面间形成隔离，影响封釉效果。与普通车蜡相比，封釉在光泽度、耐磨度、漆面保护效果、持久性上都具有明显的优势。在光泽度上，采用封釉技术的车光泽度可达95％以上。耐磨程度上，封釉能使漆层表面形成一层坚硬的保护层，防止行车时的风沙、泥沙及长期洗车造成的磨损，而普通车蜡只是在表面附着，保护膜很薄，耐磨度较低。

7.2 封釉需要先抛光

封釉和抛光（这里抛光是研磨、抛光的泛称）是密不可分的。不做抛光的封釉，等于是白做。国内很多店把封釉和抛光作为两个项目来收费，这是非常不合理的。抛光可以单独操作，而封釉不行，因为封釉必须封在漆面非常平整的镜面上。

氧化严重，同时伴有深划痕（可以用手摸到的划痕，没有露底漆）的车漆，需要研磨。研磨需要用到800号研磨剂，或者叫粗蜡。粗蜡做过的车漆，会留下800目的划痕，因为人的眼睛分辨率并不高，所以细小到800目的时候，就看不到了。但是能感觉到车漆是乌的，手摸起来是涩的。这个时候，车漆表面非常不平整，必须经过下一步的抛光。

氧化严重，同时伴有中度划痕（手虽然摸不出来，但是可以用指甲刮到的划痕）的车漆，需要抛光。抛光需要用到2000号抛光剂，或者叫中蜡。中蜡做过的车漆，会把粗蜡做过的800目划痕处理成2000目划痕，2000目的划痕人眼已经完全看不出了，大多数男人的手也感觉不到。但是，如果是皮肤娇嫩的女孩子的手，还是能摸出来。这个时候的车漆，还不是平整的，需要经过下一步的镜面还原。

有氧化层，划痕仅附在氧化层上（手摸、指甲刮都感觉不到）的车漆，需要镜面还原。还原需要用到3000号还原剂，或者叫细蜡。细蜡做过的车漆，会把中蜡留下的2000目划痕处理为3000目，这个时候不论是眼看还是手摸，都是非常平整的，所以把这道工艺叫作"镜面"。但是需要注意的是，如果是800号粗蜡处理的漆面，用3000号细蜡是处理不好的，因为会留下深痕无法处理，做完封釉后，看起来还不错，但是保持时间非常短。因为釉面下的基础附着层,不是平整的。

所以,经过抛光的车子,而且是经过精细抛光的车子,才能做出镜面来。这个是封釉必须经历的操作。没有经过抛光处理,车漆不平整,封釉保持时间非常短,根本起不到长期附着的效果,和打蜡没有什么区别。当然,根据车漆的情况,抛光不一定要三步都做,新车往往一步还原就可以了。但是做过粗蜡的车一定要中蜡抛光,做过中蜡的车一定要细蜡还原。

即使是新车封釉,漆面还是需要还原的。因为新车从第一天下线就开始被氧化,车漆早就不是全新的了,氧化层也在悄悄地侵蚀车漆。这个时候,就应做系统的车漆养护。

镜面是保证封釉、镀膜保持时间的基础,所以不抛光的封釉和镀膜,只能叫作打蜡。因为它们的保持时间只能和打蜡相当。

7.3 抛光与还原的不同

抛光是研磨之后的一道工序,和研磨的作用不同。研磨是把漆面打平,除去条纹、氧化层等深层污染;抛光是研磨后进一步平整漆面,除去研磨残余的条纹,抛光剂中的滋润成分深入漆面,使漆面展现柔和的自身光泽。抛光剂也可以单独使用,去除轻微氧化和污垢。

还原,是由于在研磨抛光过程中研磨剂使用过多、抛光时抛光盘行走的轨迹不一、漆面较软、抛光不彻底等原因而出现的漆面旋光现象,在进行下步流程之前,必须进行的处理。可用抛光机配合波浪海绵加还原剂提光还原,用手点控在 $1500\sim2000r/min$ 时,要横竖交替进行,轻微用力,动作距离一般在 $60\sim80cm$ 为宜。

可将纯抛光比喻成油漆的护理剂,它将贵重的油料溶入油漆中,去除细小的刮痕,使表面产生高度的光泽。当对一辆深色的轿车进行抛光处理后,会看到有很大的不同。

还原是用于保持耐久性,还可以增强油漆的光泽度,还原原有车漆的镜面亮度,但它的主要作用是提高耐久性,保护油漆。

7.4 判断汽车需要抛光还是还原

以下办法可以用来评估车漆的状况。

使用一块干净的不沾水的纯棉毛巾,沿着汽车洁净的漆面擦拭。如果发出吱吱声,则说明需要进行还原处理保护。

汽车清洗干净后,用手摸着漆面测试,如发现粗糙的斑点或感到摩手,可使用磨粉清除剂,然后再抛光。

7.5 区分深浅划痕

(1) 视觉。用眼睛观察车漆表面划痕,如露白色说明已露底漆,属于深划痕;若划痕颜色和车漆一致,属于浅划痕。

(2) 触觉。用手指甲从划痕上横向轻轻划过,若感觉有轻微的硌手,属于浅划痕;如硌手严重,属于深划痕。

7.6 封釉操作工艺

1）设备、材料、工具。

主要有研磨剂、镜面处理剂、还原剂、汽车封釉全套产品、封釉机、抛光机、喷水壶、水晶蜡、美容泥、柏油清洗剂、牙刷、封釉专用毛巾等。抛光机、封釉机如图7.1所示。

抛光机　　　　　　　　　　　封釉机

图7.1

2）封釉流程。

流程如下：车辆清洗—去除沥青—磨泥处理—车辆清洁—车身封边—漆面研磨—漆面还原—镜面处理—漆面封釉—上光护理—检查完工。

3）准备工作。

（1）员工着装。操作员穿好打蜡用的围裙（见图7.2）。

图7.2

（2）工具准备。把研磨剂、镜面处理剂、还原剂、汽车封釉全套产品、上光蜡、封釉机、抛光机、喷水壶、水晶蜡、美容泥、柏油清洗剂、牙刷、擦蜡毛巾等放置于项目工具车上（见图7.3），推至工作区域。

（3）车辆清洁。参照本书"车辆清洗"一章的相关操作。

注意：冲水之前要对车身漆面进行检查。

图 7.3

（4）去除沥青。使用柏油清洁剂将车体沥青污渍清洁干净（见图7.4）。

图 7.4

（5）美容泥处理。

①喷洒清洁剂于操作表面（见图7.5）。

图 7.5

②用美容泥在喷洒过清洁剂的表面均匀涂抹，去除深层污渍，操作从区域至全车（见图7.6）。

7 汽车封釉

图 7.6

（6）清洁车身。车身洗净，清洗剂必须使用中性的，因为碱性的清洁剂会腐蚀车漆，如果残存在车体缝隙中，腐蚀性就更大了。要求车身无尘无水，然后置于封釉车间。

（7）屏闭封边。用胶带纸将车体的胶边、玻璃压条、镀铬装饰条遮蔽好（见图 7.7）。

图 7.7

7.7 封釉操作标准

1）漆面处理。

（1）研磨。将少许研磨材料倒于漆面，开启抛光机，将转速调至 2500r/min 左右（根据施工熟练程度和实际需要合理调整转速），在漆面抛光研磨，修复漆面划痕、氧化层、角质层等（见图 7.8）。根据实际车况，可选用粗、中、细材料对表面进行研磨。

图 7.8

注意：高温时要喷水降温，待其冷却后操作。车辆棱角等过渡部位应调整转速或采用手抛操作。

(2) 研磨后清洁工作（洗车流程）。

注意：中网部分四周、前保险杠部分、前挡玻璃四周及下延塑料部分、门边部分、后视镜处等要用水枪重点清洁。

(3) 漆面还原。将少许抛光材料倒于漆面，开启抛光机，将转速调至1800r/min左右（根据施工熟练程度和实际需要合理调整转速），对漆面抛光还原，直到漆面光亮（见图7.9）。操作完毕后对车辆进行清洁。

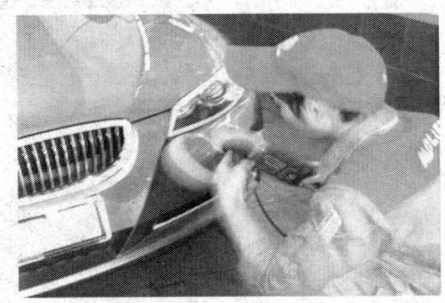

图 7.9

注意：车辆棱角等过渡部位应调整转速或采用手抛操作。

(4) 镜面处理。将镜面材料少许倒于漆面，开启抛光机，将转速调至1500r/min左右（根据施工熟练程度和实际需要合理调整转速），在漆面做抛光还原，直到漆面光亮；再使用静电抛光轮，配以增艳剂，在旋转的同时产生静电，将车漆内的脏物吸出（见图7.10）。同时，增艳剂渗透到车漆内部，发生还原反应，可以达到车漆增艳如新的效果。操作完毕后对车辆进行清洁。

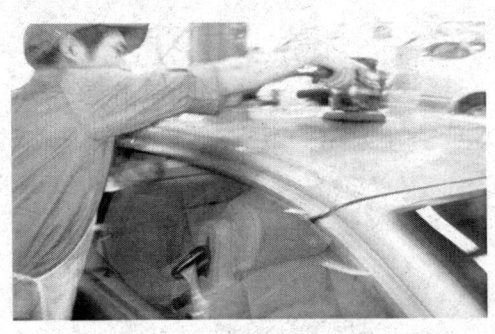
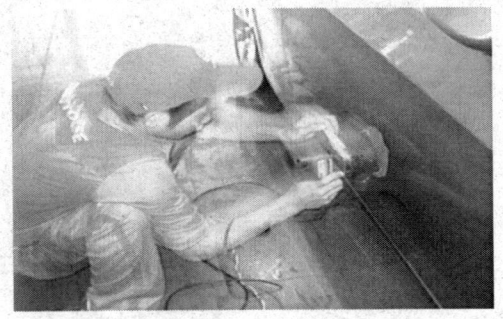

图 7.10

注意：车辆棱角等过渡部位应调整转速或采用手抛操作。

2) 漆面封釉。

(1) 将材料少许倒于漆面，启动封釉机对车漆施加中等压力进行封釉，直到漆面发出光泽（见图7.11）。车辆棱角等过渡部位应调整转速或采用海绵球和毛巾作业。

图 7.11

注意：采用区域操作方式至全车完毕。

(2) 去除残釉。用专业擦蜡毛巾去除车身残蜡，缝隙处的残蜡可使用牙刷去除（见图 7.12）。

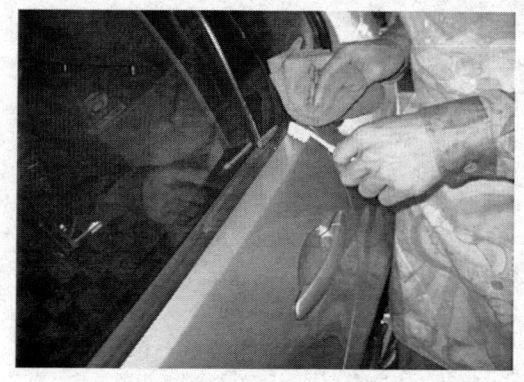 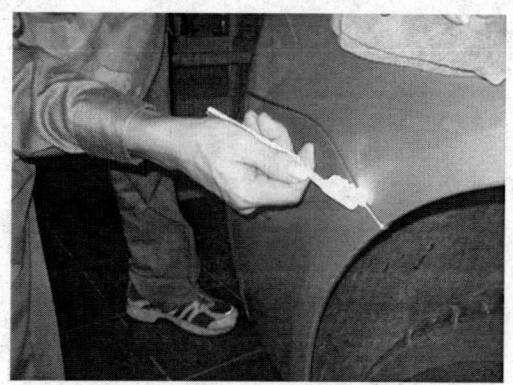

图 7.12

注意：不要用牙刷在漆面上刷，避免刷花车漆。

3）上光护理。

使用皮革上光剂对仪表台、本板内侧皮革部分上光护理；将增艳材料倒少许于海绵球，在车身外部装饰条表面均匀涂抹至全部光亮（见图 7.13）。

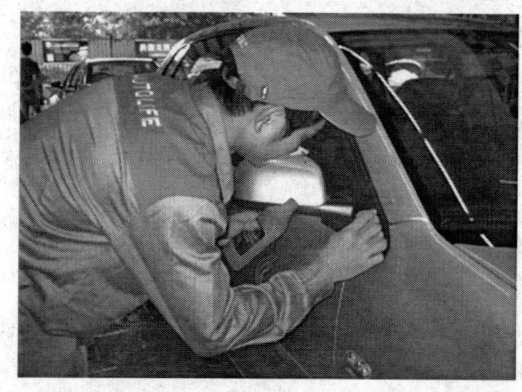 

图 7.13

注意：上光剂不要涂抹在玻璃和漆面上。

4）自检。

施工人员进行自检，检查不合格应马上返工。

5）质检。

质检合格后，通知前台车辆完工。

注意：如质检不合格应立即返工并记录责任人。

6）清理现场。

清理作业场地，物归原处，通知客户提车。

7）完工交车。

前台交车时，应为顾客摆放上车脚垫，左手打开车门，右手置背后，请客户上车。致欢送词"您好，欢迎再次光临"，指引客户离开店面。

注意：交车时要回收钥匙牌、停车卡等物件。

7.8 工艺效果

(1) 在车漆外形成隐形车衣，达到免除打蜡的功效，高强度保护车漆不受伤害。

(2) 高光亮度并保持持久，镜面光泽度达95%以上。

(3) 超强抗紫外线功能，过滤吸收紫外线达97%以上。

(4) 超强抗高温功能，耐高温达350℃。

(5) 抗酸碱、抗酸雨、抗腐蚀能力强。

(6) 提高漆面表面光洁度，减少空气阻力，避免因空气阻力使致车漆产生静电对车漆造成伤害。

7.9 注意事项

(1) 施工前，要做好漆面检查工作，不能去除的漆面病症要向客户说清楚。

(2) 一定要先将沥青去除干净，然后才可以进行磨泥操作。

(3) 漆面处理前，要先将漆面装饰条用纸胶布遮蔽。

(4) 在做漆面处理时，要注意温度的把握，漆面温度太高时，一定要使用喷壶喷自来水，待漆面冷却后才可以继续操作。

(5) 漆面研磨后，一定要将车身研磨粉尘清洁干净，然后才可进行下一步施工。

(6) 漆面处理完毕后，要将车身冲洗、清洁干净，然后才能进行封釉操作。

(7) 使用牙刷清缝时，不要刷在漆面上，避免擦花车漆。

(8) 封釉后8h内切记不要用水冲洗汽车，因为在这段时间内，釉层还未完全凝结，会继续渗透，冲洗会冲掉未凝结的釉。

(9) 做完封釉美容后尽量避免洗车，因为产品可防静电，因此一般灰尘用干净柔软的布条擦去即可。

(10) 做了封釉美容后不要再打蜡，因为蜡层可能会黏附在釉层表面，在追加上釉时会因蜡层的隔离而影响封釉效果。

8 汽车抛光

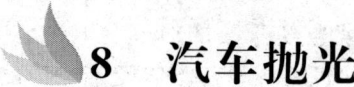

教学目标

(1) 了解漆面氧化层与划痕判断;
(2) 正确选择合适的研磨剂;
(3) 掌握研磨机的正确使用;
(4) 能利用研磨机处理各种氧化层和浅划痕;
(5) 了解研磨抛光的注意事项。

抛光可将漆面老化的漆膜磨掉,使新的漆膜产生,恢复亮丽。抛光作业分为:漆面氧化翻新抛光,大多整车做;漆面划痕修复作业,大多局部进行。

汽车漆面抛光有 3 个步骤:研磨、抛光、还原。抛光之所以能产生无比光亮的效果,主要是靠研磨,即靠摩擦材料把细微划痕去除,其次是靠车蜡,抛光剂里大多含有增亮成分,可以依靠抛光剂的光泽来弥补漆面的缺陷。

8.1 抛光的相关知识

1) 漆的基本结构。
车漆从外到内的基本结构为面漆、底漆、磷化层(烤漆底漆)、铁板。
2) 氧化层。
阳光的常年照射是缩短车漆寿命的主要原因,这一过程叫做氧化。
(1) 深度氧化层:指使用 2~3 年的车。
(2) 中度氧化层:指使用 1~2 年的车。
(3) 轻度氧化层:指使用 1 年以内的车。
3) 漆面划痕的判断。
(1) 发丝划痕:由洗车、擦车或轻微摩擦而产生的细划痕,一般手摸无感觉。
(2) 浅度划痕:面漆被破坏,没有露出底漆的划痕为浅度划痕。
(3) 中度划痕:面漆被破坏,露出了底漆的划痕为中度划痕。
(4) 深度划痕:露出了汽车铁板的划痕为深度划痕。
4) 抛光原理。
抛光是在抛光盘、抛光剂、漆面三者之间进行的。抛光盘配合抛光剂在漆面摩擦产生静电,在静电的作用下,漆孔内的脏物被吸收。抛光盘又把漆面的微小氧化磨掉,并将细微的划痕拉平填满。另外在抛光过程中一部分抛光剂又融入漆面,发生还原反应,最后得到清洁如新、光滑亮丽的漆面。

由于摩擦起热,研磨剂中所含的"水""溶剂"成分减少,最后研磨剂变成干燥的粉

状。研磨的初期阶段，研磨剂起着润滑剂的作用，几乎没有研磨力，研磨剂薄薄地随着抛光机的转动向外涂抹；研磨溶剂中所含的水分和溶剂为了保护研磨粒子会慢慢干燥，研磨粒子因为有了水和溶剂保护，就会使研磨的时间比较长；水和溶剂由于摩擦发热而被蒸发，含量也减少，变得不能保护研磨粒子，不能受到保护的研磨粒子渐渐开始破碎，研磨力下降，但是光泽呈现出来了。如果用过大的力进行研磨就容易起热，研磨剂很快就会完全干燥，不仅研磨剂变得失去作用，而且还会因留下研磨剂颗粒出现伤痕。抛光研磨作业不是用力和快速来进行的，而是通过有效地使用研磨剂的切削性来进行。

5) 抛光的作用。

(1) 消除漆面氧化层。

(2) 清除汽车漆面细微划痕（发丝划痕）及各种斑迹，进而达到光亮无瑕的漆面效果。

8.2 抛光剂、研磨剂辨识

(1) 研磨剂。

含有细小的颗粒，可以去除深度氧化层和轻微划痕及喷漆时出现的麻点和垂流。

(2) 漆面还原抛光剂。

它比研磨剂的颗粒更细一些，能去除漆面中的轻度划痕。其所含的油分在漆面抛光时渗入漆内，补充油漆失去的油分，起到护理增亮的作用，也叫中度抛光剂。

(3) 快速抛光剂。

它比还原抛光剂更细一些，也叫细度抛光剂。其具有去除氧化层和上蜡双重功效，作为抛光的最后一道工序，可用手工来完成，弥补机器抛光不均产生的光环等现象，有增艳效果，又称增艳剂。

在抛光作业前应根据漆面（普通漆和透明漆、漆面的厚度、耐磨度和硬度等）来选择抛光盘和抛光剂。

8.3 抛光机的基础使用方法

(1) 抛光盘面带有角度的情况。

抛光机倾斜度比较大会使漆面起热快，而且抛光盘边沿部位的摩擦力加大，容易研磨坏车漆，也会使抛光盘面接触漆面面积变小。

(2) 移动抛光机的基本方法。

研磨作业是把漆面均匀地进行研磨，为此，需要想办法"在一定程度上控制抛光所承受的压力"。

①按动的压力。以抛光机自身的重量为基础，以平面上抛光机的自身重量作为基础，不要使用太大的压力，即使在侧面进行抛光作业，也是需要使用与平面同等的压力。不要增加或减少压力，这样就不容易因为压力不均匀而使有的部分抛得严重、有的部分抛得较轻，以致产生光圈或是划痕。

②盘面与抛光的角度。避免在局部增加压力。如果过度抛光会出现"研磨面不均匀""抛光分界线""抛光伤痕"等问题。

③研磨范围。由于汽车的车体形状和大小不一样，因此一次研磨可以控制在一定的范围内，以肩膀宽度为界线。如果过宽臂力不均匀，会造成抛光面的不均匀。

④移动的速度。抛光机和表面上的研磨剂在研磨时形成比较适宜的速度，如果速度过快，不能控制按压力，会切使削量达不到，出现"摩擦不均匀"。上述处理方法为基本方法，但是汽车的表面呈现复杂的形状，因此可进行以下操作：抛光还可向纵方向、横方向移动（井字形的方法），避免摩擦不均匀。

⑤移动抛光的幅度。抛光盘面每次在重合盘面面积的 1/4～1/3。

（3）深划痕的处理方法。

在漆面的表面有各种各样的原因造成伤痕，其伤痕的深浅程度各有不同。为此，只用打磨作业不能够消除深度伤痕，要对伤痕的部分进行明显处理。对于划痕特别深的我们要用 2000 目以上砂纸进行处理。

（4）常用工具设备。

常用工具设备主要有抛光机、抛光粘盘（羊毛盘、兔毛盘、海绵盘等）、研磨剂、遮蔽膜、纸胶带、小喷壶、毛巾等。

（5）应使用什么类型的毛巾？

应使用百分之百纯棉的棉布毛巾，人工合成布会刮伤表面。与菱形花纹布不同，细毛棉布可以使抛光表面免受与毛布之间所沾尘粒的刮损。

如果在洗衣机中使用织物柔顺剂，则毛巾会变得很柔软、蓬松和吸水。这样会降低纯棉毛巾对车体的伤害。

8.4 抛光操作流程

1) 流程。

流程为：洗车—验车—洗车泥去铁粉与杂质—遮避—研磨—抛光—还原—清洁—检验—交车。

2) 主要步骤与说明。

（1）洗车。应使用中性洗车液，使用柔软质地的海绵或毛巾擦洗，注意及时清理，严禁有砂粒藏留在海绵内，用较柔软的毛巾或精细麂皮擦干，最后用吹风枪将细小缝隙里残留的水分吹干。在气温较高的情况下如夏季洗车很容易产生水痕现象，要避免水痕出现可以在洗车前让车自然冷却，或用清水让前引擎盖等面积较大区域温度降下来。最重要的是洗车时不要在阳光直射的室外洗车，擦拭的速度要快。北方冬季洗车应安排在室内进行，室内应安装有空调。

（2）洗车泥去铁粉与杂质。汽车经彻底吹干后，用专用的洗车泥去除车漆毛细孔上附着的铁粉、砂粒、胶质、飞漆和化学尘埃。工作时应一手拿喷壶喷洒调配好的清洗液（起到润滑作用，以免操作不当产生新的划痕），一手平顺地走直线来回搓擦漆面，注意及时把洗车泥上粘附的杂质去除。

（3）遮避。进入无尘施工车间后，用美纹纸（纸胶带）将车标、装饰条、门把手、倒车镜、玻璃胶条逐一封好，防止在施工过程中误伤，也省去施工后清洁的麻烦。然后，在较好光线下观察并掌握车漆的状况，对于有瑕癖和损伤的应做好记录并及时向客户说明。

(4) 研磨。研磨就是使用研磨剂来解决漆面氧化层、条纹、污染、褪色等影响漆面外观的深层问题。

(5) 抛光。抛光是研磨之后的一道工序,和研磨的作用不同。研磨是把漆面打平,除去条纹、氧化层等深层污染;抛光是研磨后进一步平整漆面,除去研磨残余条纹,抛光剂中的滋润成分深入漆面,使漆面展现柔和的自身光泽。抛光剂也可以单独使用以去除轻微氧化和污垢。

(6) 还原。在研磨、抛光过程中由于研磨剂使用过多、抛光时抛光盘行走的轨迹不一、漆面较软、抛光不彻底等原因而出现的漆面旋光现象,在进行下一步流程之前,必须进行处理:用抛光机配合波浪海绵加还原剂提光还原,用手点控在 1500~2000r/min。在操作时,要横竖交替进行,轻微用力,动作距离一般在 60~80cm 为宜,往边缘方向带。

(7) 清洁。

①清洁标准顺序:玻璃清洁—漆面清洁—边缝清洁—轮毂、轮胎清洁—其他部位的清洁。

②玻璃清洁:刚施工完毕,玻璃难免留有研磨剂的灰尘,要用专用毛巾擦干净。

③漆面清洁:刚施工完,由于施工过程中难免会留下轻微印痕或灰尘,所以在交车之前要进行清理,具体办法是用专用纯绵毛巾进行清理,遇到不好清理的地方可适当使用低速抛光机配合微晶研磨剂进行清除。

④边缝清洁:施工中会有废料和污垢抛粘在车门、车盖等缝隙处,可用专用毛刷进行清理。

⑤轮毂、轮胎清洁:车轮也是必不可缺少的清理部位。轮毂可选用轮毂清洗剂,轮胎可选用橡胶翻新剂或轮胎泡沫清洗剂来进行清洗。可把轮毂清洗剂、橡胶翻新剂或轮胎泡沫清洗剂倒入专用喷壶中进行喷洗,最后用专用毛巾擦拭即可,对较脏的轮毂要用专用刷子清理。

⑥其他部位的清洁:主要是各种灯、不锈钢的饰条、字标、塑料件、橡胶件的清洁。

(8) 检验。

检查漆面是否光亮均匀,如有残余蜡点、手印、没抛掉的划痕或外界的尘末、水滴留在漆面上,应立即手工去除。

在检验时应做到:

①漆面光亮均匀,手影清晰;

②触摸漆面,干燥光滑、手感细腻;

③无尘、无粉边沿干净,饰条无损;

④玻璃洁净透明,轮胎乌黑发亮。

3) 抛光的推荐顺序。

其顺序应为:右前盖—右前叶—前保—左机盖—左前叶—左后视镜—左车顶—左侧门窗框—左前门—左后门—左后叶—后盖—后保—右后叶—右车顶—右后视镜—右侧门窗框—右后门—右前门。

8.5 变速抛光机（研磨机）的使用

机械式抛光机分为电动式和气动式两种。电动式抛光机转速较大且转速可调，功率较大，研磨抛光效果较好。但对于初学者来说要时刻注意抛光机的状态，以免损坏车漆。气动式抛光机转速较低，研磨抛光效果较差，因而其研磨抛光作业的效率相对较低。我们一般使用的是电动式抛光机。变速抛光机是一种集研磨和抛光为一体的设备，安装研磨盘时可进行研磨作业，安装抛光盘可进行抛光作业。变速抛光机是通过旋转研磨盘或抛光盘来平滑并抛光漆面，以除去微小的漆面缺陷，并提高光亮度。

操作方法：

（1）抛光机开机或关机时不能接触工作表面。

（2）作业时，右手紧握直把，左手紧握横把，由左手向作业面垂直用力，转盘与作业面保持基本平行。

（3）在抛光机完全停下之前，不要放下研磨机。

（4）不要太靠近边框、保险杠和其他可能咬住转盘外沿的部位进行作业。

（5）应时刻注意研磨机的电线，防止将电线卷入机器。

（6）抛光时，应注意不要让灰尘飞到脸上，而应使其落向地板（面）。

（7）根据具体作业调整工作转数。

（8）在研磨抛光作业时，用喷水壶向研磨部位喷水，目的是降温、清洁及润滑。

目前抛光机所用的抛光盘不外乎三种：羊毛盘、粗质海绵盘、柔软海绵盘。羊毛盘和粗质海绵盘适用于抛光研磨场合，而柔软海绵盘的抛光面大都做成凹凸有序的波浪形，有利于精细抛光，形成光滑如镜的抛光漆面。抛光作业时切记区分使用。

8.6 深度氧化层的处理方法

（1）首先将车漆表面清洁干净，无需擦干。

（2）用湿润的研磨盘将深度（粗）研磨剂均匀涂抹于漆面。

（3）抛光机开机后轻下慢放于漆面，转数调为1000～1400r/min，研磨一遍，然后喷水再研磨一遍即可。

（4）深度研磨完后用清洁剂清洗漆面，清除残留的研磨剂。

（5）用湿润的抛光盘将抛光剂均匀涂抹于漆面。

（6）开机后轻下慢放于操作表面，转数为1800～2200r/min，抛光一遍，然后喷水再抛光一遍即可。

（7）中度抛光完用清水清洗漆面，清除残留的抛光剂。

（8）用抛光盘将镜面抛光剂均匀涂抹于漆面。

（9）开机后轻下慢放于操作表面，转数为1800～2200r/min，抛光一遍。

（10）最后用洗车液清洁车体，擦干后封釉或打蜡。

8.7 轻度氧化层的处理方法

（1）首先用洗车液清洁车体，无需擦干。

(2) 用湿润的抛光盘将抛光剂均匀涂抹于漆面。

(3) 开机后轻下慢放于操作表面，转数为1800～2200r/min，抛光一遍，然后喷水抛光一遍即可。

(4) 中度抛光完用清水清洗漆面，清除残留的抛光剂。

(5) 用抛光盘将镜面抛光剂均匀涂抹于漆面。

(6) 开机后轻下慢放于操作表面，转数为1800～2200r/min，抛光一遍。

(7) 最后用洗车液清洁车体，擦干后封釉或打蜡。

8.8 划痕的研磨抛光

1) 发丝划痕的处理方法。

(1) 首先用洗车液清洁车体，无需擦干。

(2) 用湿润的抛光盘将抛光剂均匀涂抹于漆面。

(3) 开机后轻下慢放于操作表面，转数为1800～2200r/min，抛光一遍，而后喷水抛光一遍即可。

(4) 中度抛光后用清水清洗漆面，清除残留的抛光剂。

(5) 用抛光盘将镜面抛光剂均匀涂抹于漆面。

(6) 开机后轻下慢放于操作表面，转数为1800～2200r/min，抛光一遍。

(7) 最后再用洗车液清洁车体，擦干后封釉或打蜡。

2) 浅度划痕的处理方法。

(1) 首先用洗车液清洁车体，无需擦干。用美容砂纸（浸湿）1500♯～2000♯对划痕部位打磨至漆面无光泽。在使用砂纸处理划痕的过程中应不时地向划痕处喷水以降温。划痕去掉后再用研磨机进行研磨抛光即可。

(2) 用湿润的研磨盘将深度研磨剂均匀涂抹于漆面。

(3) 开机后轻下慢放于漆面，转数为1000～1400r/min，研磨一遍，而后喷水研磨一遍即可。

(4) 深度研磨完后用清洁剂清洗漆面，清除残留深度研磨剂。

(5) 用湿润的抛光盘将抛光剂均匀涂抹于漆面。

(6) 开机后轻下慢放于操作表面，转数为1800～2200r/min，抛光一遍，然后喷水抛光一遍即可。

(7) 中度抛光完用清水清洗漆面，清除残留的抛光剂。

(8) 用抛光盘将镜面抛光剂均匀涂抹于漆面。

(9) 开机后轻下慢放于操作表面，转数为1800～2200r/min，抛光一遍。

(10) 用洗车液清洁车体，擦干后封釉或打蜡。

3) 研磨抛光的注意事项。

(1) 抛光机须经专业培训后方可使用。

(2) 抛光中严禁长时间在某一处原地研磨，以免抛漏底漆。

(3) 抛光过程中应及时清理研磨盘上的氧化层污垢及研磨剂等物，避免固化难处理及再抛光时划伤车漆。保持研磨盘的洁净，提高施工的效率。

(4) 判断车漆的软硬程度,在抛光时适当用力,根据划痕的深浅及车漆表面的光亮度,倒研磨剂时要适量:过多,造成不必要的浪费;过少,不但增加施工时间,更严重的会损伤车漆。

(5) 针对车身漆面的厚薄、软硬,和"边、楞、筋"部位等具体情况,根据经验,仔细进行施工操作,用力不宜过大,否则抛露底漆的概率比较大。

(6) 抛光机转速<1800r/min;压力:开始中压,随后轻压。用料量:每平方尺 1~2 滴(1 尺=1/3m);海绵移动从右至左,来回重叠 1/2。

(7) 研磨作业完成后,必须彻底清洁抛光研磨残渣,并用压缩空气吹净边缝部位,然后进行精细抛光。

(8) 对于边、角、棱、突起部分以及漆膜有可能被磨穿的部位,应事先以纸胶带贴好,待机械抛光完再取去胶带,用手工进行局部抛光。

(9) 对于有划痕的车漆表面,须用砂纸打磨时要使用汽车美容砂纸(如 1500#~2000#),并且要注意打磨的深度。

(10) 对于局部较严重的划痕,在研磨抛光前应先用专用的美容砂纸结合水对其进行打磨,然后再用粗、中、细三种研磨剂进行研磨抛光作业。

8.9 漆面常见缺陷的处理方法

(1) 首先用清洗液清洁车身,无需擦干。用 1500#~2000# 砂纸对划痕部位打磨至漆面无光泽。

(2) 用湿润的研磨盘把研磨剂均匀涂抹于漆面。

(3) 开机后轻下慢放于漆面。转数为 1000~1400r/min,研磨一遍,而后喷水再研磨一遍即可。

(4) 深度研磨后用清洁剂清洗漆面,清除深度研磨剂。

(5) 用湿润的抛光盘将抛光剂均匀涂抹于漆面。

(6) 开机后轻下慢放于操作表面,转速为 1800~2200r/min,抛光一遍,而后再喷水抛光一遍即可。

(7) 中度抛光完用清水清洗漆面,清除残留的抛光剂。

(8) 用抛光盘将镜面抛光剂均匀涂抹于漆面。

(9) 开机后轻下慢放于操作表面,转数为 1800~2200r/min,抛光一遍。

(10) 最后用洗车液清洁车体,擦干后封釉或打蜡。

9　粘贴风窗玻璃防爆膜

教学目标

(1) 了解汽车玻璃膜的作用及特性；
(2) 能够辨别汽车玻璃膜质量的优劣；
(3) 学会汽车玻璃膜的粘贴方法。

9.1　防爆膜的作用

汽车玻璃洁净明亮，透光性好，才能保证驾驶员有良好的视野，保证行车安全。为什么要加装防爆膜呢？

(1) 创造最佳美感。当你羡慕高档轿车玻璃颜色的美感时，防爆膜能让这种美在您的爱车上成为现实。它可以改变车窗玻璃的单一色调，给您的爱车增添美感，并可以根据喜好，突显个性。

(2) 提高防爆性能。汽车防爆膜可以提升意外发生时的安全度。当汽车发生意外时，防爆车膜可以防止玻璃爆裂飞散，使汽车玻璃破碎的可能性降到最低，最大限度避免事故中玻璃碎片对司乘人员造成伤害。

(3) 提高空调效能。防爆膜的隔热率可达50%～70%，突出的隔热率有效地降低了汽车空调的使用，节省燃油，提高空调效率。隔热节能对比测试结果表明，在车外温度38～39℃时，贴膜玻璃的车内比普通玻璃的车内温度低6～8℃。节省燃油测试结果表明，两辆条件相同的汽车，贴膜玻璃比普通玻璃的汽车节约燃油9%～15%。

(4) 抵御有害紫外线。紫外线辐射具有杀菌作用，但对人的肌肤也具有侵害力，过量的紫外线照射还会诱发人体皮肤癌变。对于驾车一族来说，长时间驾乘时，人体基本处于静止状态，更容易受到紫外线伤害，造成皮肤病，而防爆膜可有效阻挡紫外线，保护肌肤。同时，它还可以保护内饰及音响系统不被晒坏，减缓老化。

(5) 保证乘车隐密性。如果您是重视隐私权的人，防爆膜的单向透视性可为您隔绝外界的视线，防止偷窥，增加隐密效果。

9.2　对防爆膜的认知

1) 防爆膜性能专业术语。

VLT：可见光透过率，即透过玻璃的可见光通量与太阳光入射可见光通量之比。

TSER：太阳能阻隔率，即玻璃阻隔的太阳能通量与入射的太阳能通量之比，波长范围为 300～2500nm。它是衡量汽车玻璃膜隔热性能的一个重要参数,在此要注意它和红外线阻隔率的区别。

VLR:可见光反射率,即玻璃反射的可见光通量与太阳光的入射可见光通量之比。

UVR:紫外线阻隔率,即玻璃阻隔的紫外线通量与太阳光的入射紫外线通量之比。

2) 常见防爆膜种类及结构、特点。

(1) 染色膜。

染色膜品质粗糙透视度较差,隔热效果也不理想,夜晚车外视线模糊。容易被刮伤,不到一年就会褪色和脱胶起泡,持续在温度高的天气下会出现融胶的现象(见图9.1)。

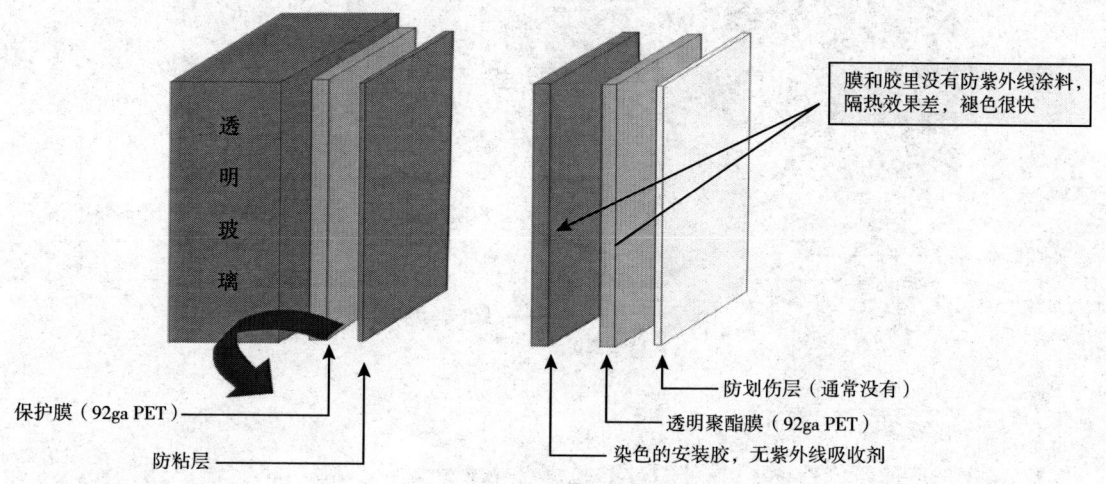

图 9.1

(2) 低成本太阳膜。

此类膜有一定的隔热、防紫外线、耐磨擦等功能,但性能并不突出,因为使用染色工艺,颜色持久性基本在 2 年左右,且透光率往往也不高(见图 9.2)。因为价格适中,所以在市面上比较常见。

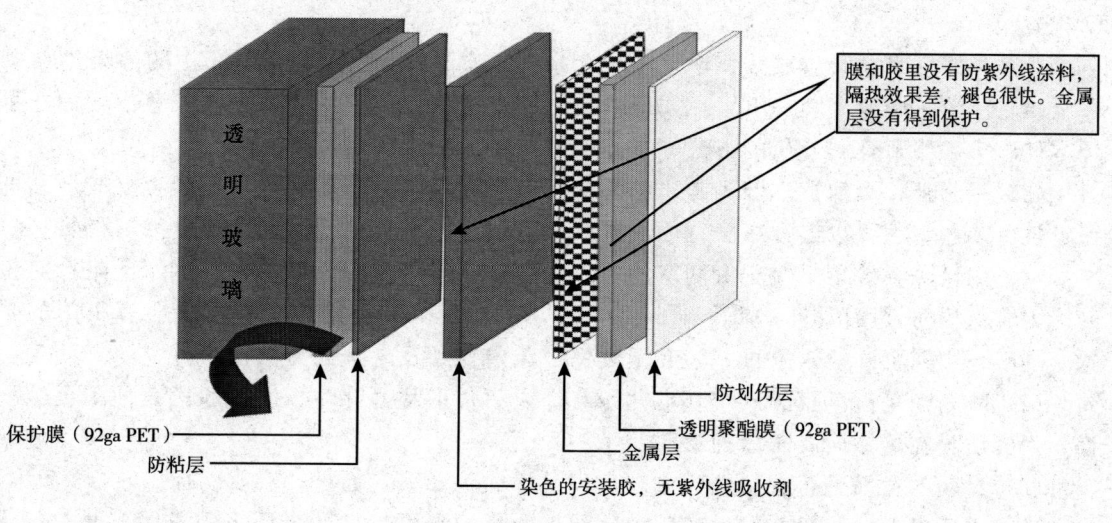

图 9.2

（3）高档太阳膜。

此类膜因为使用原色工艺，所以颜色持久，且透光率高，色泽亮丽，金属层多使用贵重金属，如镍、铬、钛等稀有金属，隔热率也较高；表面使用高强度硬化处理，所以耐磨性能也较好（见图9.3）。

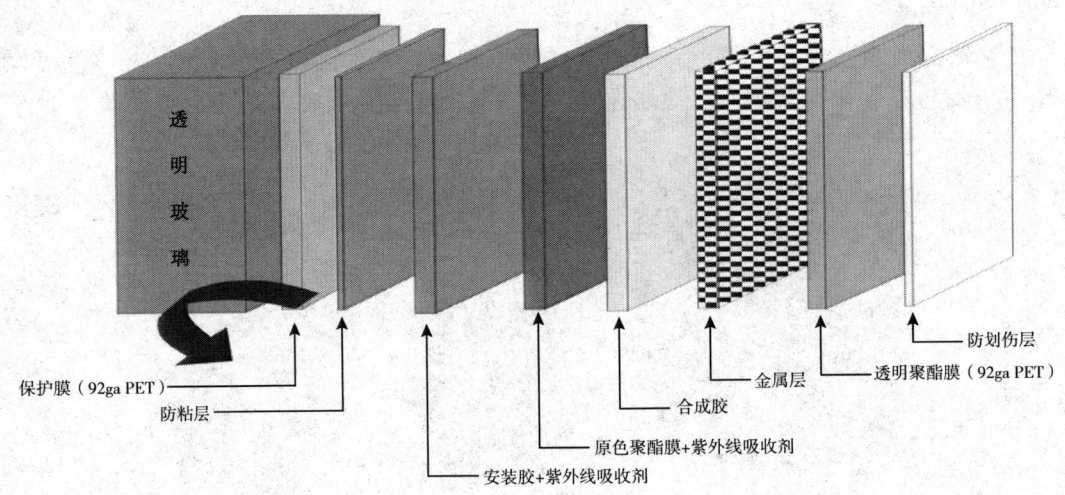

图 9.3

3）汽车防爆太阳膜的质量鉴别。

汽车膜的质量评价指标：不褪色、不起泡、不剥离、不脱落、正常使用无划伤。

防爆膜的优劣可以从以下几方面判断：

（1）眼观。看透视性、清晰度，优质防爆膜的清晰度高达90%以上，而且无论颜色深浅，透视性能均良好，在夜间、雨天行车也能保持良好视线。而劣质膜采用的是普通染色工艺，靠颜色隔热，所以颜色深，从车里向外看总有雾蒙蒙的感觉。

（2）手摸。优质膜摸上去有厚实平滑感，劣质膜则很软很薄，缺乏足够的韧性，而且易起皱。

（3）鼻闻。劣质膜胶层残留溶剂中苯含量高，有异味，会严重危害车主的健康。

（4）牙咬。用牙轻咬一下膜，如果被咬之处有透明点，说明膜是粘胶着色的，而非采用本体渗染和溅射金属着色的方法，本体渗透法是不会出现这种情况的。

（5）用酒精、汽油擦。因为劣质膜是胶染色膜，所以去除膜的保护层后擦拭胶层，即可见褪色现象。还可以揭开车膜背面的透明层，用硬物划一下，劣质膜的掉色较严重。

（6）测试隔热效果。使用大功率的白炽灯、碘钨灯等模拟太阳光源，测试膜阻挡热量的能力。优质防爆膜隔热率应达到80%左右，劣质膜隔热率低，坐在车里会有很闷的感觉，同时，它隔紫外线效果很差，起不到保护车内物品及乘车人员的作用。

（7）防划伤是汽车膜的一个基本性能。优质膜在正常升降车窗时，膜的表面不会被划伤，而劣质膜在这方面有明显的缺陷。

（8）看膜的背面是否有防伪标志。正规品牌的防爆膜背面都印有防伪标志。

（9）看质量保证。只有有生产厂家质保卡的膜才是可信赖的，厂家的质保卡通常包含质保项目、年限、赔付方式，以及真实可寻的制造商名称、地址和电话。

（10）参考生产厂商提供的技术参数。透明度、反光度、隔热性。通常越透明的膜，隔热性会越低；越反光的膜，隔热性越高。透光度高、反光度低且隔热又好的膜是膜中精品。

劣质玻璃膜往往不经过环保检测，在安全方面有欠缺。其在产品的生产过程中，要用到甲醛和苯等基本溶剂，因此成品膜上会有大量溶剂残留。如将这种窗膜贴到汽车玻璃上，会直接对人体造成伤害。

9.3 风窗玻璃贴膜流程

1）流程图。

风窗玻璃贴膜流程如图9.4所示。

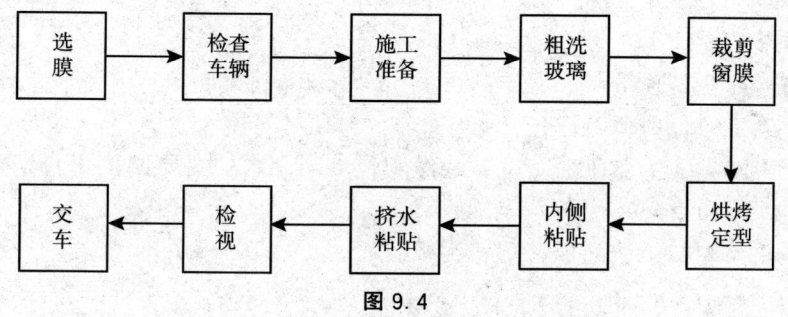

图9.4

2）客户选膜。

要讲清不同膜的不同特点，让客户根据自己的爱好和特点选择适合自己车型的防爆膜。

3）检查车辆。

检查车身漆面及玻璃是否有刮花、脱漆、凹陷、锈蚀，内装潢、皮椅有无毁损；清点车内物品并登记，请客户带走随身重要物品；填写交车表。

（1）车主交车。车主交付车锁匙，技师将车开入车间检视车辆。

（2）检查车外玻璃及前挡雨刷。检查车外玻璃部分有无损坏，前挡玻璃部分检查雨刷是否正常。

（3）检查车身漆面。检查车身漆面是否有毁损，仔细观察，重点检查刮花、脱漆、凹陷、锈蚀。

（4）检查轮框漆面。查看轮框漆面是否有刮花、脱漆、锈蚀。

（5）检查皮椅。检视车内装潢皮椅部分是否破损、掉件。

（6）检查门板。检视车内装潢门板部分是否破损，重点检查门板上夹玻璃的两条玻璃固定胶是否损毁、氧化。

（7）检查水切胶条。重点检查门窗上夹玻璃的两条水切胶条是否损毁、氧化。

（8）检查玻璃面。重点检视玻璃面是否有刮痕、裂痕、缺角、结晶等。

（9）检查电子设备。检查车内电子设备中空台是否操作正常，有显示屏的要更加注意是否显示正常。

（10）检查空调叶片。在空调出风口检查叶片是否正常摆动，有无缺少叶片。

（11）检查中控台面。检视中控台面是否有GPS接收器、倒车距离感知器，台面表面有无破损。

（12）检查前挡玻璃。检查前挡玻璃有无刮痕、裂痕、缺角、结晶等，重点检查后视镜与玻璃粘接处有无裂痕。

（13）检查后搁板音响。检查后搁板音响是否发出正常声音，有无破音状况。

（14）检查后挡玻璃。后挡玻璃检视重点在于除雾功能的除雾线，是否每条都能发热。

（15）移出车内物品。将车内多余物品清出，放置在箱内保管好，并在表格上逐一登记。

（16）车辆检验表签名。最后车主与店家双方在车辆检验表上签名，保障双方权益，完成交车流程。

4）施工准备。

（1）工具准备。

①润滑粉：婴儿爽身粉。

②刀具：美工刀、剃须刀。

③清洁润滑液：强生婴儿洗发露、纯净水、水壶（水一定要避免用自来水，因自来水中有很多杂质，不易发现）。

④刮板：牛筋胶扫、铁刮板、塑料刮板。

⑤去污粉、百洁布。

⑥合成麂皮、纸巾。

⑦烤枪。

⑧胶带。

（2）排除障碍。

①前挡玻璃装饰品、贴纸、后视镜。前挡玻璃上多余的装饰品、贴纸、后视镜，为了让施工便利需将以上东西通通排除。去除贴纸则是为了隔热膜完整贴附在玻璃，延长其寿命。

提示：大众、奥迪等德国车多以旋转方式拆下后视镜，日本车多以卡扣式、韩国车多以推拉式拆下。

②前挡玻璃边缘A柱及天花板毛边。排除前挡玻璃边缘A柱及天花板毛边时，利用较弱黏性胶布将边缘毛边完整贴附，避免清洗玻璃时或上膜时碰触而造成灰尘飞扬导致施工不便。

③侧窗及后侧窗玻璃边框毛边。排除侧窗及后侧窗玻璃边框毛边时，一样使用弱黏性胶布将毛边完整贴附。若车窗边框橡胶部分与玻璃粘附过于紧密，则将橡胶部分暂时拆除，以便施工。

④后座椅枕头。将后排椅枕头拆除更便于玻璃的清洗及整张上膜施工。

⑤后挡玻璃边缘C柱及天花板毛边。排除后挡玻璃边缘C柱及天花板毛边时，利用较弱黏性胶布将边缘毛边完整贴附，避免清洁玻璃或上膜时碰触而造成灰尘飞扬导致施工不便。如遇后挡玻璃下缘与后喇叭饰板十分接近，建议拆饰板，且一定要用专用工具（Y口

9 粘贴风窗玻璃防爆膜

起子)。

(3) 附上保护。

①引擎盖。引擎盖上附上保护层,可以避免放工具或使用工具时刮伤或撞伤车身漆面,尤其是热风枪,如使用时电线的摩擦、使用完枪口的高温,是伤害漆面的主要因。

②后备箱盖。后备箱盖上附上保护层,用意与引擎盖完全相同,是为了避免放工具或使用工具时造成漆面伤害。

③仪表台与方向盘。车内仪表台与方向盘附上保护层,可以避免施工中工具碰撞、服装纽扣、拉链刮伤方向盘,避免施工中水汽过多流入仪表台电子设备中。尤其要注意A柱与仪表台衔接之缝隙(有些电子模块会固定在A柱下)一定要挡水。

④前座椅。前座椅部分附上保护层,可以避免施工服纽扣、拉链刮花或弄脏座椅,避免施工时水汽过多弄湿座椅,避免工具刮花、烫伤或破坏座椅。

⑤前后门板。车内前后门板上附上保护层,可以避免施工水汽过多导致玻璃升降功能失灵及门板音响喇叭短路现象,避免施工时工具刮花、烫伤、破坏内装门板。

⑥后座椅。后座椅部分附上保护层,可以避免施工服纽扣或拉链刮花或弄脏座椅,避免施工时水汽过多弄湿座椅,避免工具刮花、烫伤或破坏座椅。

⑦地板。前座、后座的地板部分附上保护层,可以避免施工鞋踩脏地板及水汽过多弄湿地板。

⑧后搁板。后搁板部分附上保护层,可以避免施工时水汽过多导致音响短路现象,避免施工时工具刮花、烫伤内装。

5) 粗洗玻璃。

将车辆外部清洗一次,用吸尘器将车内吸一次,将贴膜环境四周以喷壶雾状喷洒,降低四周飞尘,将要施工的玻璃面初步清洗一次。

此时尽量将各死角处理好。

(1) 玻璃结晶处理。

①用手心将整片玻璃涂抹一次,用手心感觉玻璃表面是否结晶、平整、有油渍。

②结晶处理,将玻璃喷上清洁液,用表面锋利的铁刮板轻轻刮过一次。

注意:做此动作前请先告知车主有可能产生的状况。

(2) 前挡玻璃。

①利用三角板角尖部分,将玻璃边缘黑边顺序清理。

②再用干净的不掉毛的布料,把玻璃边缘黑边处擦拭干净,擦拭时避免碰触其余内装以免引起灰尘飞扬。利用三角板角尖部分,处理后视镜座边缘,顺序施压将后视镜座边缘水分刮除。

③再用干净不掉毛的布料,将后视镜座上的水分擦干。刮除水分需注意方向——由上往下刮、由中往外刮,避免刮除过的水分再次回流。

(3) 门窗玻璃。

①利用干净布料夹三角板将玻璃与窗框接触的上缘橡胶夹缝内擦拭过一次。

②再用干净布料夹三角板将玻璃与窗框接触的两侧橡胶夹缝内刮除一次,有效清除夹缝内的灰尘砂粒。

③再次清洗夹缝，用喷壶喷水的力量，以30°斜角将上缘橡胶夹缝内喷上清洁液。

④用喷壶喷水的力量，向两侧橡胶夹缝内喷洒，由上往下喷洒清洁液。

⑤再用干净布料，将三边橡胶夹缝内顺序擦拭干净。

⑥将玻璃完全升起，再次喷洒清洁液，用三角板在玻璃上来回刮除，并将水分刮除掉。

⑦清洗夹缝，用三角板角尖部分顺序将三边橡胶夹缝内水分刮除一次。

⑧水切部分也不例外，利用三角板角尖部分，深入内水切夹缝中，将夹缝内水分刮除。

⑨再次将玻璃完整喷上清洁液，利用玻璃刮板将水分刮除。

⑩再次利用三角板角尖部分将橡胶夹缝水分刮除。

⑪最后，利用干净布料将窗框部分擦拭干净、擦干，这是为了避免产生静电、吸引灰尘。

（4）三角窗。

使用三角板角尖部分将三角窗边缘顺续刮除夹缝中水分。因为三角窗较小，可利用扇形刮水法将大部分水分刮除。三角窗角落夹角过小，不易使用工具，这时可利用不掉毛的干净布料，将边缘顺序擦干。

6）裁剪窗膜。

（1）前后挡玻璃尺寸测量及下料。

用直尺或卷尺量取玻璃最长与最宽的两点作为该膜的尺寸。根据车窗玻璃的弧度大小、施工难度等可在长宽边上加1~3cm供裁切。目前，根据车型、大小，尤其是前挡玻璃尺寸和弧度，主要有竖裁、横裁和套裁3种剪裁方法，具体如下：

①竖裁。根据车窗尺寸从膜片中纵向裁出，此法适于玻璃宽度超过76cm的前挡玻璃且施工难度较大的车型。

②横裁。根据车窗尺寸从膜片中横向裁出，此法适于玻璃宽度超过76cm的前挡玻璃且施工难度较小的车型。

③套裁。根据车窗的尺寸和特点从膜片中纵向于中间位置裁出，此法适于玻璃宽度在74~78cm的前挡风玻璃。使用这种方法相对省料。

横裁与竖裁施工的区别：横裁的，师傅在玻璃上左右烤膜，左右面积小尺寸窄，膜不易收缩，施工难度大；竖裁的，师傅在玻璃上上下烤膜，上下面积大，膜容易收缩，气泡可以分得均匀，这样施工效果较好而且也安全。因此为了降低施工难度大多技术不高的师傅都采用竖裁这种方法。

（2）汽车玻璃膜的收缩特性。

汽车玻璃膜的纵向也叫机器边方向，即膜的卷起方向，是主要的拉伸方向。而幅宽方向，顾名思义，就是与机器边方向垂直的横向，该方向膜基本不能拉伸。

错误的窗膜排布方向，窗膜不会收缩，如图9.5所示。

9 粘贴风窗玻璃防爆膜

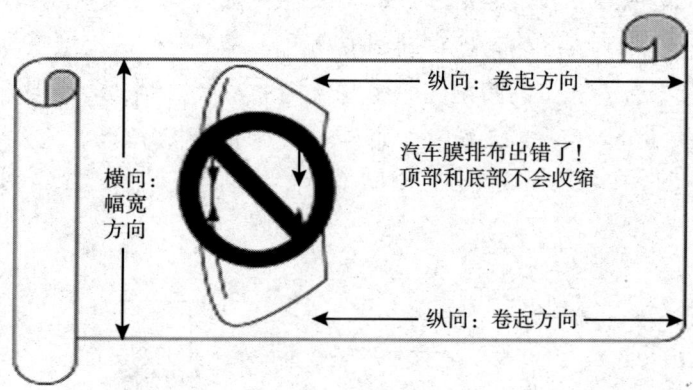

图 9.5

正确的排布方向，才能使窗膜热成型，如图 9.6 所示。

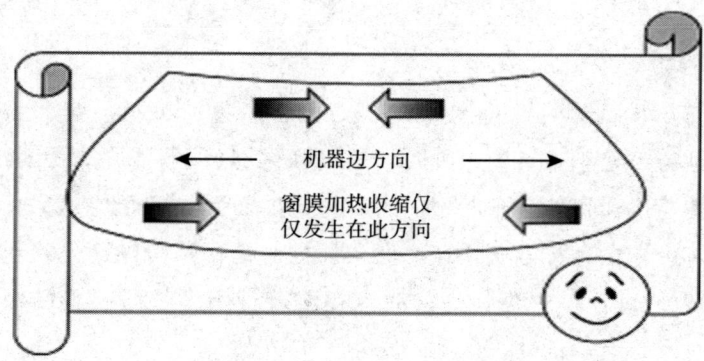

图 9.6

7）烘烤定型。

（1）干烤定型前后挡。

①用毛巾或刮板再次将玻璃清洁干净。

②用烤枪风干玻璃，取少许润滑粉倒于纸巾上，均匀布于玻璃表面。作用：使膜在玻璃表面滑动自如，预防静电把膜粘到玻璃上。使用专用的干烤粉来进行窗膜的成型，能有效避免玻璃的破裂和其他问题。注意：粉涂匀即可，量不能多，以免给后续工作带来不必要的麻烦。

③膜片固定。拿沾湿的布料在清洗完的前挡玻璃上画出 H 线。水量要少，水带要尽可能地细（以能固定膜为准。）因为水带和其边缘在一定范围内烤膜时不会收缩。水带过宽会减少收缩面积，不利于气泡的移动，影响下一步施工。

④再将裁好的膜片，以保护膜向外、耐磨层向内的形式，整张贴附在玻璃上，注意膜片固定后不可漏光。

⑤把多余的膜片裁切掉，利于定型施工。裁切需注意：不要裁切太多，以免烘烤后膜片收缩导致漏光。

⑥烤枪烘烤。横裁弧度固定：把膜片的弧度均匀地移动到玻璃左右两侧进行热定型。竖裁弧度固定：把膜片的弧度均匀地移动到玻璃上下两侧进行热定型（见图9.7）。阴影部分为受热收缩面（上面或下面的阴影部的宽度＝从中轴水带到上边或下边的1/3）。白色区不烤是为了气泡能有更大的活动范围，如果一个气泡根部被烤，它的活动范围将大大缩小。

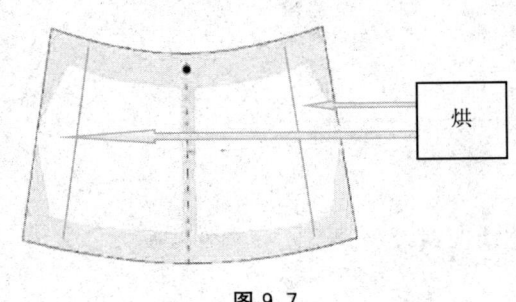

图9.7

⑦烘烤注意事项。

a. 从上边或下边向内侧烤（见图9.8）。烤枪在烤边的时候，会有部分热气被吹到膜与玻璃中间，此时的膜处于双面受热的状态。双面受热的膜与单面受热的膜在相同温度下，双面受热的膜要达到收缩状态所用的时间会比单面受热的膜要短一些。所以，同样的温度、同样时间烤边，在边有微微烤坏的时候，把烤枪移到内侧烤是绝对安全的（烤坏的边最后可以裁掉）。它就像一个标尺一样时刻提醒着：用多长时间膜已经收缩好，有效地降低了风险。

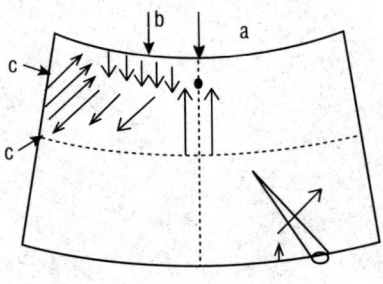

图9.8

b. 在烤的过程中，如果有较大的气泡在原位收缩不完，由于烤枪的前移，气泡会被拉斜。此时部分气泡转移到中间，减少侧面的收缩强度。

c. 因为膜是竖着下料，所以上边的收缩率会比侧边的多。正是因为上边收缩率低，要先收侧边，收不完的全部赶到上边收。

d. 烤枪温度一般不超过400℃（如烤V-KOOL70为260～320℃），出风口离膜约5cm，以小范围旋转的方式缓慢移动，对膜加温。

注意：烤枪温度不能过高，不要烤坏膜和玻璃。

⑧干烤后的效果。干烤收缩后会形成许多的"斑块"，可以观察所形成"斑块"，斑块

9 粘贴风窗玻璃防爆膜

越小收缩得越多,越大则相反之。

⑨直到整张膜片完全平贴在前挡玻璃上,再进行第一次精裁动作。

⑩中间待湿烤时下刀解决。

(2) 湿烤前后挡。

①待玻璃凉后,向玻璃与膜表面喷水(见图 9.9)。注意要一半一半地进行,这样不容易改变干烤定型时膜与玻璃弧度的配合。

图 9.9

②牛筋刮板固定膜,要手在前、刮板在后配合刮水,不要刮折车膜(见图 9.10)。定位赶水时要尽量把残余气泡赶到玻璃的上下边,这样有助于膜的收缩(对于竖裁的膜来说)。

图 9.10

③烘烤的技巧。由中向外烘烤,以放射式的方法烤。一手拿着热风枪、一手拿着垫布的三角板,用烤枪吹气泡根部,刮板 45°角于气泡向角上刮,当要定型的部位收缩时,大气泡均匀散开成若干个小气泡,立即用垫布的三角板推平该部位,直至气泡小到最多不超过两刮板就可以做掉(见图 9.11)。

注意烤枪温度,不要烤坏膜和玻璃。

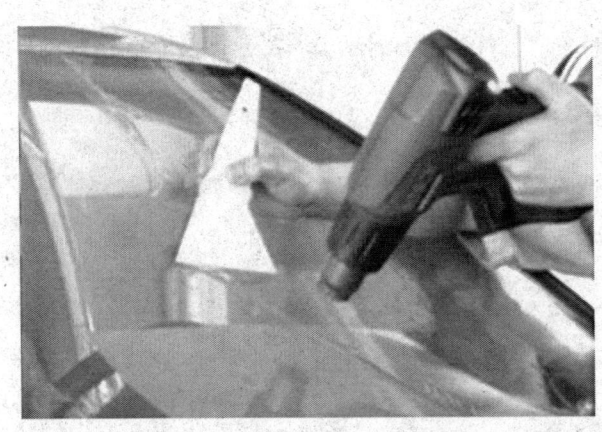

图 9.11

④二次精裁。压点裁,膜大小裁至陶瓷点外的黑边上 1~2mm 处。若膜过黑看不到黑边,可在车内放置高瓦数灯,让黑边更容易看到。精裁时,线条需要笔直,弧度曲线需要圆滑,下刀要轻,千万别过度施力,否则容易将玻璃刮伤(见图 9.12)。

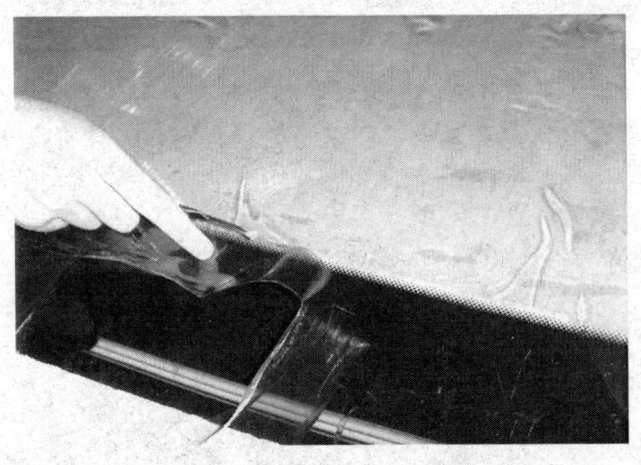

图 9.12

原因:压点贴膜时陶瓷点虽经过处理——表面粗糙、附着力增强,但陶瓷点处还是凹凸不平的,仍然容易起气泡,且被暴晒后会起白边;而黑边处是平的,经处理后附着力接近平面玻璃。因此,压点贴膜最好压到黑边上。但是遇大弧度车型无把握压点贴时,可按老方法不压点。

⑤卷膜。应在一个相对密封、空气流通较小的空间内进行。卷膜时,先用喷壶把周边环境打湿降尘,把玻璃和膜片双面清洗干净,把水刮干,剥开膜片上的保护膜,喷上安装液,再从右往左把膜片卷起,摆放在便于施工的位置上如外部车顶(见图 9.13)。

9 粘贴风窗玻璃防爆膜

图 9.13

8)成品膜粘贴。

(1)陶瓷点的处理。

用剃须刀片处理陶瓷点,方便拿捏(见图 9.14)。陶瓷点表面粗糙度的增加会使阻力明显增大。陶瓷点处理的好坏直接影响气泡的处理。陶瓷点处理得越粗糙膜就越好贴。

图 9.14

(2)清洗内侧玻璃。

(3)上膜。在玻璃上均匀喷洒安装液。安装液务必喷洒均匀。边部与底部清洗较困难,可适量地加量喷安装液,玻璃上部位置不可喷洒大量安装液,只需雾化喷洒即可。把车门关上,剥开一小段保护膜,把剥开的保护膜反贴在膜片的耐磨表面,把已剥开保护膜的膜片粘贴到玻璃上,从左到右慢慢把保护膜反卷剥开,把膜片粘贴到玻璃上,膜片完全粘贴于玻璃后对准边部位置后固定(见图 9.15)。

注意:在反卷剥开膜片时手指不可触碰到膜片的安装胶。

(4)水分挤压。膜片粘贴于玻璃后,先在膜片表面均匀喷洒少量安装液,用专用牛筋刮板把膜片牢牢固定于下端,再喷洒少量安装液于膜片表面,将保护膜贴上,用挤水铲和挤水板把膜片内的安装液挤压出来。挤压期间,挤水工具应紧紧挤压住膜片,从上往下、从中间往两边慢慢将安装液挤出,挤压过程应一来一回反复重叠。把大量的安装液挤压出后,用专用的吸水纸将膜片边部的安装液吸干。

图 9.15

注意：每次刮光水后用麂皮清洁刮板，以防有异物伤到膜。

(5) 处理气泡。

①大泡的处理。用前挡刮板以 45°角将气泡从根部向角上刮，刮至气泡不易刮动为止。从气泡的中间向上刮，使气泡从中间断开。然后刮掉边上的小气泡，再处理中间的气泡就很轻松。

②小气泡的处理。用刮板在前面缓慢将泡赶压下去，烤枪大风门跟在后面。这样做的好处是：

a. 气泡附近有一定的水分。气泡被赶压的时候，这一区域会共同收缩。

b. 给膜加温，增加胶的黏度。

c. 可以把四周的水吹干，没有水，汽泡就不易回弹。

用吸水纸巾包住刮板赶气泡。这样做的好处是：一人容易操作，赶完气泡后水即被吸干，能有效地控制残余的水，减少脏点的产生，气泡不易再起。

(6) 水赶净后将保护膜撕下，前挡粘贴完工。

注意：压点贴膜最后一定要风干四周，否则隔天起泡会很难修。

9) 侧窗膜的粘贴。

(1) 清洁车窗。

前面已经详细介绍，此处不再赘述。

注意：在清洁时一定要把车窗玻璃导轨胶条的缝隙清理干净，可以采用水冲的方法进行。将喷壶的水调成水柱状。

(2) 膜的裁切。

侧门窗顶部裁膜上部尺寸要大于原车窗玻璃尺寸 5cm，左右两边要大于原车玻璃尺寸 1cm，底部在裁膜时预留 1~2cm 的余量。确定侧门窗玻璃要定型烤膜时，裁膜一定要选择竖裁。通常采用打板法（利用用过的保护膜进行车窗打板，也有专用的打板模板；还有的预先量好尺寸在车上直接裁膜等）。

(3) 定型和修边。

将窗膜平铺于玻璃外表面，保护膜朝外，注意窗膜边缘要平行于外部底边压条，利用窗框或胶条作引导进行切割。下部裁切完成后，将膜滑动到适合的位置，用湿布料在玻璃两旁抹上一点水分来固定膜片。使用硬片挤水工具，在窗膜上挤刮几下固定住整个膜，小心地将膜从底部揭起，然后降下车窗玻璃，露出车窗玻璃顶部，利用玻璃的边缘进行顶边裁切。窗膜完全修整完成后转移到裁膜案板上，进行最后的修边。

（4）清洁玻璃内侧。

（5）剥离保护膜。

在玻璃内表面清洗完成后，将窗膜的保护膜撕开，用安装液喷洒暴露的安装胶（边撕边喷，可以最大程度地防止沾染灰尘和杂物）。这样安装胶会临时失去黏性，可以游动窗膜，以便定位。

（6）上膜。

上膜时，通过前面的清洁可以判断出玻璃的挂水性。防水玻璃在喷水后水珠不会附着，水分流失快，故宜采用由下端向上贴法，但容易留有脏物。不防水玻璃由于喷水后水珠附着，水分流失少，故通常采用由上端向下贴法，优点是能有效避免砂粒粘到膜上。上方留出2～3mm的空档。

（7）水分挤压。

当膜的位置固定好后，先用牛筋刮板轻轻地固定膜片，再在窗膜表面喷洒安装液，把保护膜粘贴到窗膜的背面。用专用的挤水工具将安装液和气泡挤出。

（8）撕下保护膜。

（9）收尾。

①检修。

a. 检修灰点、虚印、折痕：用前挡刮板用力地挤搓尘点处，将灰尘点压到膜胶层中。尘点周围没有了被尘点抬起的空间，此时膜内的尘点和玻璃外面的尘点没有太大的区别。虚印和折痕可以加温用指甲刮修。

b. 封胶处理：如果膜在定型过程中被反复多次加热定型（主要是湿烤这一步），应及时进行封胶处理，以免边部被氧化。反之则待膜内水干后（一般是7日后）再封胶。

②撤保护、收工具、清洁车辆。

③验收。

a. 隔热膜的质检标准：

安装隔热膜后不得出现折痕或破损。

安装隔热膜后不得出现刮痕或压痕。

安装隔热膜后，每块玻璃与膜片之间不得出现气泡、砂粒及过多水纹。

安装在汽车玻璃表面上的膜是否与原玻璃表面一样平滑。

隔热膜安装后，膜边缘为平顺线状而非锯齿或不规则线状，且不起边。

每张隔热膜张贴后，不得出现拼接贴法。

安装烘烤过的隔热膜，不得有脱色或脱胶现象。

安装后，隔热膜四个角落部分不得出现密集度过高的细灰尘。

安装后，玻璃上出现的细灰尘不得超过0.5mm。

安装同款、同系列的隔热膜，颜色必须一致，不得有差异。

b. 前挡风玻璃的质检标准：

前挡风玻璃安装隔热膜后，清晰度是否依旧，不可出现雾状或波纹。透过前挡看车外的景物，不存在模糊、色差现象。

前挡风玻璃与后挡风玻璃安装后，边缘必须压过黑边1~2cm。

前挡膜离玻璃边陶瓷点的最大距离不超过±2mm。带黑边条的玻璃，膜直接压在黑边条上，但不能太多，离黑边2mm。

前挡风玻璃，内反光不得超过10%。

c. 侧挡风玻璃的质检标准：

安装侧挡玻璃后，侧挡玻璃上缘与隔热膜上缘距离不得少于2mm。

将侧挡玻璃关上，玻璃上缘不得出现漏光现象。侧边玻璃不能漏光（膜在胶条以外，有光线透过为漏光）。

侧挡玻璃安装后，隔热膜上缘必须与玻璃上缘形成平行现状态。

贴上侧挡膜后，不得过度影响两侧后视镜的视线，必需看得清镜中后方状况。（如有必要，进行裁切处理）

d. 后挡风玻璃的质检标准：

安装后挡风玻璃后，不得使用老式拼接贴法，须用整张烘烤贴法。

后挡风玻璃安装后，检查后挡风玻璃除雾线是否运作正常。

后挡风玻璃具有刹车灯的，安装必须绕过刹车灯，刹车灯部分不得被隔热膜遮住。

不过度影响后视镜的视线，过度影响需告知车主情况，以保驾车安全。

e. 窗框、玻璃的质检标准：

安装后检视玻璃表面上是否出现新刮痕、刮伤等。

安装侧挡风玻璃后，检视玻璃上缘是否有新的缺角。

安装后一天玻璃若产生裂痕、暴裂等现象，店家需与车主协调更换（内反光率高于10%者不适用）。

窗框不得出现刮痕，窗框橡皮不得破损或脱落。

f. 车身、内装的质检标准：

车身漆面不能出现新的刮伤和凹痕。

车身配件保持交车时完整状态（天线、镀铬饰品等）。

安装后，不得有水或清洁剂残留在内装门板、仪表板台、座椅上。

安装后，内装不得出现破损刮伤等（门板、仪表板台、座椅上）。

不得有清洁剂残留在漆面上，漆面不得出现褪色。

④交车。当着客人的面将其物品物归还，并提醒接待人员告知客户关于膜的相关保养事项。

a. 窗膜的固化期。膜安装完后，窗膜与玻璃之间仅残存极少量水分在内。水汽可能会引起小气泡或轻微波痕，造成视线模糊，这是正常的。在固化期间，不要自行把水泡挤出，超过了固化期间如还有明显现象，应当找专业技师处理。水泡与波痕经过一段时间就会消失。在固化期间切勿升降车窗玻璃，防止未固化完成的窗膜折伤。

b. 气候条件和固化时间。潮湿、阴天的条件下固化时间将延长，干燥、炎热的天气将缩短固化时间。窗膜类型的选择与气候条件将决定固化周期,厚窗膜和较差天气条件会延长固化时间。固化时间的变化能够从 2 天到 2 星期。安全防爆膜则需要更长固化时间,这是由于膜的厚度增加,膜的呼吸性也较差。

c. 清洗与保养。窗膜安装后固化期间不要清洗窗膜,尽量不要让阳光直接暴晒玻璃,否则会起泡。应该将车内空调打开让空气内外流通,靠着窗膜本身的呼吸性形成自然固化。确保窗膜安装后胶与玻璃完全结合,起到安全防爆作用。

d. 清洗液。在清洗玻璃时,禁用酸碱性高的溶济清洗,也尽量别让皮革油类的油性液体沾到窗膜上,清洗方式可以用清水或酸碱性弱的清洗液。市面上大多数玻璃清洗剂都可用来清洗窗膜,更适合窗膜的清洗液是水加家用清洁精以 10:1 的比例稀释而成。

e. 清洗材料。窗膜的表面硬化有限,为避免划伤窗膜,请勿使用刷子、带研磨剂的海绵、任何有硬颗粒的清洁用品,要使用柔软布料或海绵清洗窗膜表面才是正确的。清洗车身外的布料,也别拿来擦拭窗膜,因带有细砂,是造成窗膜刮伤的因素之一。

旧车重贴太阳膜注意事项如下:

(1) 将车上原有的太阳膜撕扯下来时,应尽量保持膜的完整度,可以先对旧的太阳膜用热烤或桑拿机蒸的方法使膜和胶变软,再将膜轻轻地撕下。这样撕下膜后残留在玻璃上的胶也比较好清洁。

(2) 往玻璃上喷太阳膜安装液后,将撕扯下来的太阳膜简单地覆上去。然后可以用此方法操作其他玻璃。10min 后,揭下膜,这时用毛巾就可以擦掉残余的胶,顽固一点的也可以用贴膜工具很轻松地处理掉。它的原理是胶在密闭的空间里会产生反应,变成雾状、发白,使太阳膜的残留胶质变质。

(3) 对于后窗玻璃(特别是带有除霜电热丝的),可以在上述基础上利用塑料纱窗的纱或家里洗碗的百洁布轻轻地划,这样就不会损伤电热丝了。

生活中常见的辨别膜好坏的方法:

(1) 目测反光性。反光性越高的膜越不好,拿在手上可明显看到和镜子一样,金属反光越明显,说明它的反光越严重。

(2) 打火机测试隔热性。不要盲目相信一些不知名品牌虚标的隔热率,用打火机火焰隔着膜片,用手背感受火焰的热辐射(注意,是手背、膜片、火焰在一个水平线上,不是用火焰去烧膜),然后拿开膜片对比。温差越大的隔热越好。

(3) 验钞机测试紫外线隔绝率。用验钞机隔着膜片去验百元钞票,如果仍然能看到钞票上的荧光字,说明紫外线隔绝率不合格。

(4) 地上磨测试耐磨性。在用膜片在水泥地面以适中的力量磨几下,有明显划痕的,说明耐磨性不合格。

(5) 前挡膜测试透光性。用膜片挡在眼睛前观察,对比隔膜和不隔膜的区别,透明度越好的,透光性越佳。如果明显昏暗,甚至模糊的膜,一定不能用于汽车前挡。

(6) 不要盲目迷信商家宣传的"名牌""×国进口""特级""A级"等字眼。任何合格产品,都应该有产地、厂家地址、联系方式等,否则就是"三无产品"。另外价格特别低廉的膜也是需要警惕的,尤其是前挡风玻璃贴膜。

10 粘贴"犀牛皮"

(1) 了解犀牛皮及其作用；
(2) 如何辨别犀牛皮的优劣；
(3) 犀牛皮的粘贴流程。

10.1 "犀牛皮"及其作用

"犀牛皮"，是一种高性能聚氨酯薄膜，具有超强的韧性，能够抗刮划、抗碰撞。贴上它以后，可以使汽车漆面高磨损区域免遭损坏，所以，被形象地称为"犀牛皮"，也称汽车漆面保护膜，或防划膜。

1) 产品特点。

"犀牛皮"结构上有三层：光罩涂层、聚氨酯层和胶层。

(1) 光罩涂层具有耐污、易帖服、高光泽、耐黄变、耐 UV 辐射的特点。

(2) 聚氨酯层具有优异的抗碎片击打能力、抗穿刺能力、抗刮擦能力、防化学腐蚀能力，受刮后还原性强。

胶层具有适中的初始黏度、超强的粘贴强度、优异的抗胶转移性能。

2) "犀牛皮"优劣的分辨方法。

(1) 看品牌厂家和质保。

(2) "犀牛皮"厚度：以丝为单位（1丝＝0.01mm）。

(3) 拉伸率，其伸缩率达 300%～800%。

(4) 防刮性能。

3) 犀牛皮在车身上的粘贴位置。

一般可贴于前后保险杠、车门把手、车门踏脚线、车门扶手等车身、内饰处。

10.2 粘贴"犀牛皮"

1) 环境要求。

应在如下条件进行粘贴：

环境：封闭无尘车间；

温度：16～32℃；

湿度：45%～65%；

照明：良好。

2）施工流程（以普通保护膜为例）。

(1) 引导客户，介绍需要粘贴的部位（让客户决定）；计算出所需"犀牛皮"的尺寸。

(2) 依次粘贴，将要粘贴部位进行比对或测量，确定膜的需求量，进行初步裁切。

(3) 用安装液把表面清理干净，保证没有杂质（利用万能泡沫等）。也可用酒精代替安装液把表面打湿（酒精容易挥发）。

(4) 用烤枪将待贴部件吹干。

(5) 撕去底纸，把膜贴好。对于弧度较大的地方可以借助烤枪。

(6) 用刮板赶膜，把膜准确地粘在要贴的部位上。注意：刮得越干净越好，膜不要刮出痕迹，要使用胶质好的刮板。

(7) 修剪边角多余的部分。

(8) 收边。在裁切完后对裁切边缘进行收边处理。

(9) 交车验车。

所有部位贴完后，对各部分进行检查清洁，没问题后向车主交车。